Autores _ Jorge Luis Borges
e Osvaldo Ferrari
Título _ Sobre a amizade
e outros diálogos

Copyright — Osvaldo Ferrari

Edição© — Hedra 2013

Tradução© — John Lionel O'Kuinghttons Rodríguez

Título original — *En diálogo* (*2 vols.*) Editorial Sudamericana, Buenos Aires: 1985.

Agradecimento — a Walter Carlos Costa

Corpo editorial — Adriano Scatolin, Alexandre B. de Souza, Bruno Costa, Caio Gagliardi, Fábio Mantegari, Iuri Pereira, Jorge Sallum, Oliver Tolle, Ricardo Musse, Ricardo Valle

Dados —

Dados Internacionais de Catalogação na Publicação (CIP

B73   Borges, Jorge Luis (1899–1986)
Sobre a amizade e outros diálogos. / Jorge Luis
Borges. Tradução de John Lionel
O'Kuinghttons Rodríguez. Introdução Daisi
Irmgard Vogel. — São Paulo: Hedra, 2009.
232 p.

ISBN 978-85-7715-119-6

1. Literatura Argentina. 2. Crítica Literária.
3. História de vida. 4. Leitura. 5. Entrevista.
I. Título. II. Ferrari, Osvaldo. III. Diálogos
entre Jorge Luis Borges e Osvaldo Ferrari.
IV. Rodríguez, Jonh Lionel O'Kuinghttons,
Tradutor. V. Vogel, Daisi Irmgard.

CDU 860(82
CDD 868.93

Elaborado por Wanda Lucia Schmidt CRB-8-1922

Direitos reservados em língua portuguesa somente para o Brasil

EDITORA HEDRA LTDA.

Endereço — R. Fradique Coutinho, 1139 (subsolo) 05416-011 São Paulo SP Brasil

Telefone/Fax — +55 11 3097 8304

E-mail — editora@hedra.com.br

Site — www.hedra.com.br

Foi feito o depósito legal.

Autores _ JORGE LUIS BORGES
e OSVALDO FERRARI
Título _ SOBRE A AMIZADE
e outros diálogos
Organização e tradução _ JOHN O'KUINGHTTONS
Introdução _ DAISI IRMGARD VOGEL
São Paulo _ 2013

- **Jorge Francisco Isidoro Luis Borges Acevedo** (Buenos Aires,
- 1899–Genebra, 1986) é talvez o mais conhecido escritor
latino-americano do século XX. Entre 1914 e 1921 conclui sua
formação na Europa, vivendo em Genebra e na Espanha, onde
toma contato com a vanguarda ultraísta. Embora deva sua fama
principalmente a suas narrativas curtas e ensaios, Borges estreou
como poeta, em 1923, com o livro *Fervor de Buenos Aires*, e
- continuaria publicando livros de poemas por toda a vida.
- Participou do grupo de modernistas argentinos reunidos em torno
da revista *Sur*, dirigida por Victoria Ocampo. Em 1944 publica seu
livro mais apreciado, *Ficções*, que inclui os contos "As ruínas
circulares", "A biblioteca de Babel" e "Funes, o memorioso", e
cinco anos depois viria à luz outro volume de contos de extensa
fortuna, "O Aleph". Sua ficção de matriz fantástica utiliza-se de
- símbolos muito recorrentes como o espelho, o labirinto, o tigre e
temporalidades alternativas. Em 1970 vem ao Brasil receber pelo
livro *O informe de Brodie* o Prêmio de Literatura da Bienal de São
Paulo e realiza duas conferências aos alunos do Curso Madureza do
supletivo Santa Inês. Naquela década também recebe títulos
honoríficos de universidades como Oxford e Columbia, entre várias
outras. Borges perde totalmente a visão em meados dos anos 1950 e
essa circunstância pessoal é em parte responsável por duas
características de sua obra madura, o livro escrito em colaboração e
a obra oral. Ao longo de suas três décadas de cegueira Borges
atinge enorme celebridade e se torna um conferencista muito
prolífico. Essas conferências muitas vezes tornaram-se livros, como
é o caso de *Sete noites* e de *Esse ofício do verso*. A obra oral de
Borges mostra uma faceta muito prolífica em suas entrevistas e
diálogos, quando fala de sua vida de homem civil e de leitor, coisas
que para ele se equivalem, e de suas matrizes literárias, dentre as
quais se destacam a literatura de expressão inglesa e sua afinidade
com as formas épicas. Borges tornou-se no século XX um
paradigma do homem de letras, uma espécie de escritor universal
cuja obra tem uma ressonância que ultrapassa muito sua biografia.
-
-

Osvaldo Ferrari (Buenos Aires, 1948) é poeta e ensaísta, formado em jornalismo e professor universitário. Viveu fora da Argentina por dez anos, no Canadá, Itália, Suíça e Espanha, onde realizou conferências e organizou atividades culturais. Publicou *Poemas de vida* (1974) e *Poemas autobiográficos* (1981). É autor de ensaios publicados em diversas revistas literárias argentinas e estrangeiras. Além de seus diálogos com Borges, manteve conversas transmitidas pelo rádio com Ernesto Sabato, Roberto Juarroz e muitas outras personalidades das letras e da cultura em geral, algumas das quais foram mais tarde publicadas como livro.

Sobre a amizade e outros diálogos reúne os diálogos entre Jorge Luis Borges e Osvaldo Ferrari originalmente transmitidos pelo rádio, e mais tarde publicados, primeiro no jornal *Tiempo argentino* e depois como livro. Ao todo são noventa diálogos travados em 1984 e 1985. Borges escreve o prólogo aos diálogos e o assina em 12 de outubro de 1985, menos de um ano antes de sua morte. Deste modo, são uma espécie de testamento literário, compreendendo as fixações finais de sua imaginação. Ao comentar a chegada do homem à Lua, Jorge Luis Borges lembra que sentira uma infinita alegria, uma alegria sem nações ou ideologias, genuína e oceânica, e acrescenta que dois grandes escritores, Júlio Verne e H.G. Wells, embora escrevessem ficção científica, não puderam jamais acreditar que esse feito se realizaria. O escritor argentino conta que por causa de seu entusiasmo com o feito foi procurado por um adido cultural da embaixada soviética e que este lhe confidenciara que, muito além das corridas nacionais, aquela tinha sido a noite mais feliz da vida dele. É deste modo que Borges tece sua conversa infinita, indo de sua memória mais pessoal à referência literária e retornando a sua própria experiência histórica e criativa. Nesse conjunto de conversas, o leitor encontrará, dentre outros temas, discussões acerca de Edgar Alan Poe, a França e os escritores russos Tolstói e Dostoiévski.

John Lionel O'Kuinghttons Rodríguez é escritor chileno, professor e tradutor de espanhol. Formado em Literatura e Linguística pela Universidade Católica do Chile, com mestrado em Linguística Aplicada pela Universidade Católica de São Paulo. Publicou *La Blanca Señora de mi Barrio* (Saraiva, 2000), *Antología Crítica de la Literatura Hispano-Americana* (Letraviva, 2005), *La Acentuación* (Letraviva, 2005), e organizou e traduziu *Arcana Coelestia e Apocalipsis Revelata*, de Swedenborg (Hedra, 2008).

Daisi Irmgard Vogel formou-se e atuou como jornalista, e é doutora em Literatura na Universidade Federal de Santa Catarina. Desde 2004 é professora do Departamento de Jornalismo na mesma universidade. É autora do livro *Borges e a entrevista: performances do escritor e da literatura na cena midiática* (Insular, 2009).

SUMÁRIO

Introdução, por Daisi Vogel	9
Prólogo, por Jorge Luis Borges	21
Prólogo, por Osvaldo Ferrari	23
SOBRE A AMIZADE E OUTROS DIÁLOGOS	27
O ensino	29
Bertrand Russell	35
O poema conjectural	41
Novo diálogo sobre a poesia	49
A chegada do homem à Lua	56
Os escritores russos	63
Spinoza	70
Novo diálogo sobre Alonso Quijano	77
A cultura celta	84
Quevedo	91
O místico Swedenborg	98
A pintura	105
Voltaire	112
O século XIX	118
Virgílio	125
Sobre a amizade	131
Chesterton	137
O livro do céu e do inferno	144
Lucrécio	151
Sobre a França	158

Mark Twain, Güiraldes e Kipling	165
"La personalidad y el buda"	171
A literatura irlandesa	177
Góngora	182
Os poetas de New England	189
Sobre a metáfora	195
Edgar Allan Poe	200
Paul Groussac	206
Shakespeare	213
Novo diálogo sobre *Os conjurados*	220

INTRODUÇÃO

UMA FRASE SINGELA de Thiago de Mello, inscrita no relato de seu encontro com Jorge Luis Borges em Buenos Aires, nos anos 1980, sintetiza de modo singular a experiência do contato com as entrevistas do autor de *Ficções*. Mello disse que, desde a véspera do encontro, vinha pensando: "Vou ouvir Borges chover no molhado com a sua sempre linda chuva". Claro, Borges circula sempre de novo e outra vez pelo território de autores e livros e temas que lhe são caros. Porém, mesmo sabendo disso, é também sempre surpreendente a desenvoltura de seu improviso num itinerário curioso, que passa de Chesterton a Emerson, Poe, Verlaine, Joyce, Swedenborg, Virgílio, Spinoza, Shakespeare, ou ainda o budismo, a literatura persa, a figura de Alonso Quijano, as sagas islandesas, nesta ou em qualquer ordem. Aqui, na terceira série de diálogos reunidos a partir de material produzido por Osvaldo Ferrari em 1984 e 1985 para a radiodifusão em Buenos Aires (ou seja, pouco antes da morte do escritor, em 1986), é possível perceber não apenas a chuva, como também o quanto essa chuva é de fato encantadora.

São conversas que têm a característica constante de propor temas e encadeamentos não apenas familiares a Borges, mas absolutamente referenciais em relação a ele, na medida em que selecionados basicamente a partir de sua obra escrita. Há nisso um primeiro mérito, o de permitir um contato com o pensamento do escritor e mesmo com os seus textos a partir de uma perspectiva mais plana, com essa facilidade que caracteriza a conversa. Isso se torna mais perceptível diante do contraste com os textos publicados nos anos 1940 e 1950, em que Borges aparece como um erudito genial, que maneja a linguagem à perfeição para produzir textos intelectualmente tão complexos que até se esquivam à interpretação. Mas há também o tom agradável da conversa entre interlocutores que, alimentados pela paixão literária, sustentam o tom colaborativo e desviam da controvérsia. E se o tema das perguntas lhe apraz, ou seja, se elas rondarem a literatura, Borges tende a ser sempre colaborativo e espirituoso.

Em parte por essa predisposição, o conjunto da produção oral de Borges é extenso, constituído por inúmeras conferências e várias centenas de entrevistas. Por outra parte, tal extensão é decorrente da celebridade alcançada pelo escritor nas décadas finais da vida, vinda no entanto sempre matizada por sua admiração pelos mestres orais, de Pitágoras a Buda. E assim como ocorre nos encontros gravados por Ferrari, as entrevistas de Borges tendem a seguir um ritmo de conversa, desde que o interlocutor o permita. Nelas exibe sua intimidade com a literatura, seu apego às tradições literárias, suas preferências estéticas, a mobilidade de suas predileções de leitura, que vêm marcadas pela autonomia, e mesmo sua ousadia intelectual, com posições que efetivamente interferiram no rumo de diversas reflexões sobre a estética e a literatura, na segunda metade do século xx.

A leitura do que se publicou a partir de conversas com Borges revela que os diálogos foram um meio para que ele formulasse e reformulasse, com as revisões e contradições que aí cabem, o discurso que foi seu ao longo de todo seu percurso como escritor, um discurso filosófico-literário que se dobra sobre si mesmo, fazendo da literatura seu objeto. Suas réplicas partem do pressuposto de que todos compartilham a sua paixão literária, e muitas das entrevistas de Borges são, como a maior parte de seus ensaios, contos e conferências, um pretexto para explorar ideias sobre poesia, escritores e livros. Por isso constituem parte extensa e importante da sua intervenção literária.

Para os que conhecem a performance de Borges como escritor e sua aventura pelas resenhas, ensaios e comentários de autores e livros, deverão chamar a atenção as notações críticas que as conversas com Ferrari fazem surgir, como a avaliação de que a literatura contemporânea seria impossível sem os escritores norte-americanos. E Borges cita os três que seriam fundamentais: Edgar Allan Poe, Walt Whitman e Herman Melville, aos quais acrescenta, ainda, Henry James. Ou a de que, na literatura russa, pode-se atestar a superioridade de Tolstói sobre Dostoiévski. Que talvez o maior poeta de língua inglesa dos nossos tempos seja William Butler Yeats. Que Emerson é o maior entre os poetas intelectuais. Que é perigoso (e para ele, pessoalmente, impossível) pensar sem Bernard Shaw e sem Schopenhauer. E ainda uma quase definição de literatura, descrita ao final do diálogo "Sobre a França", como o equilíbrio entre sentido, sugestão e cadência. A essa definição poderíamos somar um comentário de Borges (em "Gôngora") acerca do que teria dito Robert Louis Stevenson: não se deveria nunca usar, na composição de um parágrafo, uma palavra que olhasse a contrapelo. Sugere-se aí o valor que Borges atribui à sonoridade e ao ritmo. Essa sorte de apreciações transforma os diálogos num registro extenso e variado das preferências estéticas do último Borges.

Surgem também os procedimentos de leitura, dentre os quais o hábito de leitor hedonista de ler aleatoriamente as páginas dos livros, com a confissão bem-humorada de que terão sido poucos os volumes que leu na íntegra, do começo ao fim. E sua descrença no livre arbítrio, compreendido como ilusão necessária. Para Borges, tudo está prefixado, tudo se submete à predeterminação – uma temática recorrente em seu pensamento. Essa ideia reaparece em diversas das conversas desta série. Em uma delas, lembra do soneto intitulado "Xadrez", publicado inicialmente em *O fazedor* (1960), no qual aponta o engano das peças, dos jogadores,

INTRODUÇÃO

de Deus, todos crédulos da sua liberdade, quando de fato não são livres. Numa segunda, declara diretamente que "quando algo acontece, isso já aconteceu há muito tempo, mas de um modo íntimo", de modo que os eventos são confirmações de algo anterior. E, numa terceira, afirma que mesmo as palavras que diz foram causadas pelos milhares de fatos inextrincáveis que as precederam.

Pode-se também vislumbrar o que poderia ser tomado como certa premonição intelectual em Borges, por conta de suas tomadas de posição cujas bases se fariam desenvolver em diversas frentes do pensamento teórico ocidental, nos anos seguintes. Uma dessas agudezas, que perpassa os diálogos deste volume, é a concepção crítica do nacionalismo, ou a superstição das nacionalidades, como ele mesmo dirá. Outra é sua compreensão da atualidade como "museu usualmente arcaico", e da realidade como sempre anacrônica. Nota-se aí a relação com a ideia, mencionada anteriormente, de que os acontecimentos são forjados antecipadamente, e o que isso implica de elogio aos precursores na literatura, numa visada que é por si anacrônica, como no ensaio sobre "Kafka e seus precursores", de *Outras inquisições*. Um terceiro exemplo é sua perspectiva do rigor do método cartesiano como uma ficção.

Uma preocupação teórica central, que perpassa o conjunto dos escritos de Borges e que se exibe bem nestes diálogos da maturidade, é a que enfrenta a relação da linguagem com o mundo, com as coisas. A posição de Borges, de acreditar no vazio da linguagem, nas palavras como suplementares ao vazio deixado pelas coisas, foi, em algum momento, bastante prefigurativa do que a filosofia e a linguística do século XX pensaram a respeito. Num desses diálogos, remete-nos ao poema "O outro tigre", em que se propõe a descrever o animal para, em seguida, descobrir que esse tigre é simplesmente um objeto verbal, um edifício de palavras. Depois, no diálogo intitulado "O século XIX", desenvolve esse mesmo problema retomando uma perspectiva que é o mote também de seu conto "Funes, o memorioso", de que o pensamento é impossível sem as generalizações da linguagem. Funes, como sabemos, é vítima de um acidente e torna-se incapaz de esquecer e de generalizar, e por isso, incapacita--se igualmente para a reflexão. Donde, acerca da linguagem, Borges declara sua preferência por uma hipótese mais nominalista, em relação à proposição dos arquétipos de Platão. Aliás, a relação com o personagem Funes, que no conto realiza a empresa de nomear todas as coisas e eventos individuais do mundo, pode ser retomada no diálogo intitulado "Góngora", no qual Borges sugere a utopia poética de encontrar uma linguagem que se renovasse constantemente, uma linguagem que crescesse e mudasse todo o tempo, agarrada às mudanças.

Este volume de diálogos também assinala de forma nítida o gosto de Borges pela conversa, o que nos dá a chave para ingressar na compreensão do peso que assumiu o universo das interlocuções na fase final da produção do escritor. Já no primeiro encontro desta série Borges comenta sua experiência como conferencista e atesta uma preferência pelos pequenos grupos e pela conversa, pelo diálogo. Ali afirma haver descoberto que o diálogo é sua forma preferida de contato — mais do que o monólogo a que tendem as aulas e as conferências. Apercebe-se, afirma ele a Ferrari, que o diálogo é a sua forma ideal. Mas, o que é a conversa para Borges? Primeiramente, ela é reconhecida como um meio para a reflexão, um modo de pensar em voz alta. O perfil do interlocutor é por isso fundamental, e sugere um conjunto de qualidades ideais. Não que ele estabeleça previamente esses limites: Borges foi em geral bem receptivo para com os que o procuraram para entrevistas, porém em várias passagens informa, paulatinamente, que um dos pré-requisitos da boa conversa é que o outro converse livremente, sem trazer juízos prontos e definitivos. Claro que esse outro pode e deve

INTRODUÇÃO

ter opiniões, mas que não sejam sentenciosas ou peremptórias, como se apresentassem verdades finais. E é bom que o interlocutor aprecie a reflexão compartilhada, o estímulo recíproco às ideias. Sem dúvida Borges atribui à conversa uma importância pedagógica capital, de modo que a qualidade do interlocutor não é só importante, mas decisiva.

De Macedonio Fernández, a quem citava como o melhor conversador que havia conhecido, Borges dizia ser um homem tão inteligente que obrigava seus interlocutores a serem inteligentes também. Assim, enquanto Sócrates contabilizaria o benefício de agudos diálogos intelectuais, Alonso Quijano, o personagem de Cervantes, ficara reduzido ao pequeno círculo de interlocutores de seu *pueblo*: desse modo Borges consegue agrupar, como opostos, Platão, Zenão e Pitágoras, de um lado, *versus* o barbeiro, o cura e a sobrinha do vilarejo, do outro. O mais importante na vida de Quijano foi, por isso, dizia ele, a leitura dos romances de cavalaria. Aqui, reconhece-se sua adesão à concepção filosófica que encontrou em Emanuel Swedenborg, de que a formação intelectual é tão emancipadora do ser humano quanto a conduta moral. Uma das fábulas relacionadas a essa concepção é que os intelectualmente tolos não acompanhariam com prazer as conversas dos anjos, sendo, por isso, inaptos para o paraíso. O desdobramento dessa teoria pode ser visto numa das conversas deste volume, sobre "O místico Swedenborg".

Isso dado, ocorreu que, em seus 25 anos finais de vida, ou seja, desde o início da década de 1960 até 1986, ano de sua morte, Borges construiu uma personagem, ao longo de várias centenas de entrevistas, que terá alcançado um público maior e mais diverso do que aquele que conhecia os seus escritos. Ele já tinha publicado, àquela altura, aquela parte considerada como a mais importante de sua obra, e era bastante lido desde pelo menos duas décadas antes, porém sua fama efetivamente cresceu depois que seus livros de contos foram aplaudidos pela crítica europeia, e ele provavelmente concedeu mais entrevistas do que o fizeram os demais escritores de sua época. Um conjunto dessas interlocuções foi editado em livros, como é o caso destas conversas com Osvaldo Ferrari, mas há volumes também com outros argentinos, como Fernando Sorrentino, Roberto Alifano, María Esther Vázquez e Antonio Carrizo; entrevistas em inglês, com entrevistadores norte-americanos, compiladas por Richard Burgin; séries com os franceses Georges Charbonnier, Jean de Milleret e André Camp. E existem ainda inúmeras entrevistas incluídas em livros de outros autores e uma parte incontável, esparsa por jornais, revistas, gravações de rádio e televisão, em vários países do mundo.

O reconhecimento de Borges como um dos escritores mais influentes do século XX ganhou escala mundial nos anos 1960, mais precisamente a partir de 1961, quando compartilhou com Samuel Beckett o primeiro prêmio Formentor, concedido por editores da Europa e dos Estados Unidos a autores considerados de vanguarda. Borges tinha então 62 anos. Os livros que a crítica leu como a parte mais importante de sua obra, que são *O jardim de caminhos que se bifurcam, Ficções, O Aleph* e *Outras inquisições*, tinham sido publicados nos anos 1940 e 1950. Em 1944, Roger Caillois publicou as primeiras traduções de contos de Borges na França. Em 1954, um extenso artigo sobre ele saiu em *Les Temps Modernes*, a revista de Jean-Paul Sartre. Mas Borges era ainda um autor praticamente inédito fora do âmbito latino-americano. Quando ganhou o prêmio, passou a fazer parte daquele grupo de escritores divulgados em todo o mundo.

Assim, concretamente, a "descoberta" francesa de Borges impulsionou um processo de celebrização. Grandes nomes da crítica trataram dele em suas obras e Borges passou a ser convidado para eventos literários em toda a América e na Europa. As premiações se multiplicaram, ele se tornou candidato permanente ao Nobel de Literatura, que nunca ganhou, e suas opiniões ganharam as revistas, a televisão e os jornais. Borges, enfim, se tornara célebre, e tudo o que lhe dizia respeito tinha apelo de notícia. Falando em entrevistas, mostra a qualidade imaginativa, o rico e às vezes insólito repertório de assuntos, a clareza de expressão e o tom de dúvida que se encontram também no Borges que escreve. Porém a linguagem oral reforça a espontaneidade e estabelece uma relação menos hierárquica do escritor com o leitor.

Claro que o próprio modo de composição das entrevistas depende do caráter oral de sua enunciação, o que ocasiona um comprometimento menor com os regimes formais requeridos pela escrita, e explicita as reiterações, as incoerências, os equívocos e os silêncios. Improvisando oralmente, Borges não podia, afinal, repercorrer a arquitetura do texto. Tinha que se expor à seleção de assuntos e ao ritmo impostos pelos interlocutores, mantendo assim uma consciência restrita da estrutura de conjunto. Daí uma composição que muitas vezes parece seguir aos saltos. Finalmente, existe a memória extraordinária de Borges, capaz de recitar trechos inteiros de poemas, seus e de outros autores.

É sem dúvida relevante tomar essas interlocuções não apenas como lugar de enunciação criativa, mas como parte do conjunto da atuação de Borges no ambiente da cultura. Nesse aspecto, não é difícil concordar com César Aira, que em seu *Diccionario de autores latinoamericanos* (2001) afirma que, com o envelhecimento, o melhor do Borges passou ao oral, em especial pelas "réplicas sempre engenhosas, nunca óbvias, quase sempre geniais" que produziu em reportagens. De minha parte, considero que as entrevistas se tornaram um derradeiro projeto de ensaísmo para Borges, e sua veiculação massiva interveio na relação do escritor com a sua época. Cego desde os seus cinquenta anos de idade e, por isso, limitado para a escrita, Borges exercitou nas entrevistas uma atitude mental que remete ao ensaísta, porém em formato dialogal e com a marca da oralidade. Ele próprio autoriza a hipótese de pensar no diálogo como um projeto criativo final, ao dizer, no primeiro volume de diálogos com Ferrari, que não sabia se ainda escreveria um ensaio, mas talvez o fizesse de maneira indireta, como na conversa entre os dois.

A satisfação que Borges pode encontrar nas interlocuções orais, que seguem ao acaso, pode ser entendida já na relação entre o curso aleatório das entrevistas com a multiplicidade de caminhos oferecida pelas enciclopédias. É uma satisfação intelectual que se pode reconhecer nos seus livros de ensaios, de comentários e de resenhas, onde se tem às vezes a organização saltada das ideias, comum quando nos deixamos captar por temas que possuem conexão bifurcada, nem sempre aparente e imediata entre si. Borges, como se sabe, era leitor assíduo de enciclopédias e dicionários e gostava de engendrar séries fantásticas, como a listagem das espécies em que se dividem os animais, que está no ensaio "O idioma analítico de John Wilkins", em *Outras inquisições*. Ali, ao discutir as tentativas de se criar linguagens cujas palavras definissem a si mesmas, explora uma vez mais sua preocupação com a relação entre as palavras e o mundo, e afirma que todos os idiomas do mundo são igualmente inexpressivos e que não existe classificação do universo que não seja arbitrária e conjectural. O tema das enumerações caóticas também aparece neste volume, em "Novo diálogo sobre *Os conjurados*", onde Borges as considera como cosmos secreto do mundo.

Um interlocutor como Osvaldo Ferrari recorre muito, aliás, à estratégia de submeter algum conto ou poema de Borges ao crítico Borges, o que o faz descrever as técnicas de seu modo de composição literária. Os diálogos assim se delineiam como lugar privilegiado para o relato de uma teoria poética; próximos, pelo conteúdo, de alguns de seus ensaios e, em especial, dos seus prólogos e conferências, que sempre reservou como espaço de defesa direta de seus credos estéticos, distintos deles, porém, pela maneira como essa teoria vem à tona no diálogo, desencadeado pelas perguntas do interlocutor e não alterado pela censura posterior de Borges. Um aspecto temporal é também importante: o período de proliferação das entrevistas coincide, com uma pequena margem de diferença, com a época de agravamento de sua cegueira e, não por coincidência, com uma mudança sensível em sua produção como contista e a retomada da prática do verso. Na prosa, essa mudança se corporifica em *O informe de Brodie* (1970), com seus contos "planos" à maneira de Rudyard Kipling, usando uma comparação do próprio Borges; na poesia, esse marco está em *O fazedor* (1960).

Isso tudo torna possível considerar as entrevistas e os diálogos de Borges, em seu conjunto, como um lugar em que se explicitam, embora de forma avulsa, mais farta e claramente as particularidades da sua poética final. Partes dessa fase poética podem ser encontradas nos prefácios e posfácios de seus livros, a partir de *O fazedor*, e de modo um pouco mais detalhado nos seus ciclos de conferências, tanto as da Universidade de Belgrano, proferidas em 1979, reunidas em *Borges, oral* e incluídas nas suas *Obras completas*, como as de 1967–68, na Universidade de Harvard, reproduzidas em *Esse ofício do verso* (2000). Mas o que ele leu, pensou e praticou de literatura atinge, no período da profusão de entrevistas, um toque de sobriedade e define suas escolhas derradeiras. Isso não quer dizer que a sua última fé poética, às vezes destoante da que praticou na fase mais renomada de sua obra, ou seja, até *Outras inquisições*, seja melhor ou mais verdadeira. Ela é apenas diferente, e orienta a proposta de brevidade e de uma linguagem mais direta dos últimos escritos. Por conta da cegueira, ele sempre escrevia por ditado, de modo que se enfatiza um ritmo de narração coloquial.

Vários procedimentos do Borges oral podem ser associados aos seus ensaios: o jeito de usar as citações, o esquecimento intencional de nomes e datas, a intermitência de elementos históricos e ficcionais, a mobilidade de opiniões, o tom permanente de dúvida e indagação. Mesmo a escolha e o desdobramento dos temas das interlocuções fazem pensar no ensaio. São aleatórios nas interlocuções em geral, advindos do interlocutor, e no caso de Borges não são obstinados nem em inovar (ele recorrerá repetidamente, afinal, a seu círculo de referências) nem em esgotar assuntos. Ele apenas divaga em torno deles. Pressupõe que a eleição dos temas seja influenciada por seus interesses intelectuais e afetivos, e o tema inicial pode resultar secundário diante das digressões em que mergulha.

Os finais interrogativos que Borges usa com grande frequência acrescentam à sua fala o registro da dúvida, de quem desconfia das conclusões definitivas. Também isso remete ao caráter intrinsecamente cético e inconcluso do ensaio, e o leva a ser muitas vezes acusado de superficialidade. A suposta superficialidade é, nesse caso, uma qualidade da atitude aventureira do ensaísta, que segue jogando sua experimentação em torno dos objetos a partir de sua referência subjetiva necessariamente parcial e mutável. Da mesma maneira, são abundantes nas interlocuções os "talvezes" e os "quiçás", que igualmente inserem o componente da dúvida. Mais do que afirmar seus pontos de vista, e tentar agarrar os acontecimentos em frases e interpretações possivelmente viciadas pelo engano, Borges prefere conjecturar, ensaiar. Ao declarativo, prefere a interrogação, a possibilidade. O valor dessa mobilidade cética, em que a sequência se define mais pelo elenco de perguntas do que pela sugestão de respostas, se define em Borges na sua fé em que a dúvida seja um dos nomes da inteligência. Numa entrevista sua publicada em 1978 na revista mexicana *Excelsior*, disse: "Eu sempre duvido. E sempre peço a Deus (que não existe) o privilégio de duvidar até que eu morra. Se deixar de duvidar, é bem provável que deixe de escrever no ato".

INTRODUÇÃO

Essa coleção de atributos associa qualitativamente as entrevistas ao conjunto da obra de Borges. É sua disposição para a exploração não sistemática dos temas, associada ao seu apreço pelo diálogo e pelo tom simétrico da conversação, que parece conduzi-lo e estimulá-lo nas entrevistas. E essa disposição é, também, um dos traços marcantes de toda a sua trajetória de escritor, encontrando nas formas dialogais sua expressão definitiva. Em *Discussão*, de 1932, definia sua prosa como "dubitativa e conversada"; vários de seus livros são caracterizados por ele mesmo como miscelânea de temas. De fato, a atitude aventureira do ensaio está presente em Borges desde seus primeiros escritos, tanto que seus três primeiros livros, *Inquisições* (1925), *O tamanho de minha esperança* (1926) e *O idioma dos argentinos* (1928), são coletâneas de ensaios. Depois, ela se manifesta ao longo de sua trajetória na própria posição que o escritor toma diante da literatura e da língua, que se mantém experimental, conjectural.

Mesmo a já referida reflexão constante sobre as palavras e as línguas pode ser considerada uma espécie de ponto inicial dessa atitude. Para Borges, os materiais de que o poeta dispõe são pobres, a realidade é algo cambiante e crescente, e as palavras são convenções rígidas, limitantes. Esse desencontro entre a realidade e a língua, que sugere a impossibilidade da consonância entre a palavra e o pensamento, exige a experimentação constante, de modo que cada instante da vida teria que ser um poema. Daí um eixo de sua poética e de sua própria definição de literatura: uma experimentação que leve em conta a materialidade da palavra e seu movimento, mas que também se autoquestione, na observação criteriosa e permanente das formas e dos sentidos. Porque afinal a palavra, como diz Borges ao término deste volume, numa última menção a Stevenson, a palavra é mesmo inábil.

PRÓLOGO
por J.L. Borges

UNS QUINHENTOS ANOS antes da era cristã aconteceu na Magna Grécia a melhor coisa registrada na história universal: a descoberta do diálogo. A fé, a certeza, os dogmas, os anátemas, as preces, as proibições, as ordens, os tabus, as tiranias, as guerras e as glórias assediavam o orbe; alguns gregos contraíram, nunca saberemos como, o singular costume de conversar. Duvidaram, persuadiram, discordaram, mudaram de opinião, adiaram. Quiçá foram ajudados por sua mitologia, que era, como o Shinto, um conjunto de fábulas imprecisas e de cosmogonias variáveis. Essas dispersas conjecturas foram a primeira raiz do que hoje chamamos, não sem pompa, de metafísica. Sem esses poucos gregos conversadores, a cultura ocidental é inconcebível. Remoto no espaço e no tempo, este volume é um eco apagado desses diálogos antigos.

Como todos os meus livros, talvez como todos os livros, este se escreveu sozinho. Ferrari e eu tentamos que nossas palavras fluíssem, através de nós ou, quiçá, apesar de nós. Nunca conversamos em direção a um fim. Aqueles que percorreram este manuscrito nos afirmam que essa experiência é agradável. Espero que nossos leitores não desaprovem esse generoso julgamento. No prólogo de um dos "sonhos", Francisco de Quevedo escreveu: "Que Deus te livre, leitor, de longos prólogos e de epítetos ruins".

12 de outubro de 1985

PRÓLOGO

por Osvaldo Ferrari

EM QUATRO EDIÇÕES anteriores expliquei como aconteceram os diálogos entre Borges e eu. Nesta edição, tentarei refletir o espírito que animou as conversações e determinou seu itinerário.

Em março de 1984, mantivemos o nosso primeiro diálogo público. Ao ouvi-lo pela Rádio Municipal, a rádio que havia sido dirigida memoravelmente por nosso amigo comum Ricardo Constantino, senti que, para mim e para todos os ouvintes, se abria uma porta à imensidão: o extraordinário tom da escrita de Borges, a surpresa e a maravilha constante de sua originalidade confluíam nas suas palavras.

Para se ter uma ideia, naquele primeiro momento eu tive a impressão de participar de uma nova dimensão. O diálogo com Borges era uma incursão na própria literatura, era entrar em contato com o espírito do literário, que tinha se consumado nele até o ponto de constituir o suporte, a chave da sua fascinante inteligência; essa inteligência literária do mundo que descobria e descrevia novamente a realidade.

A leitura preciosa, única, das coisas, que ele fazia com absoluta espontaneidade, havia começado. Todos observaríamos a diversidade com o seu olhar. Aos 84 anos, Borges nos transmitia seu universo.

Os diálogos registravam esse universo a partir de qualquer tema, porque a memória de Borges, sua lucidez e sua concisão verbal se uniam instantaneamente.

Bastava mencionar um escritor ou uma obra de sua preferência para que imediatamente se estendesse sobre o tema propondo uma nova compreensão, uma nova interpretação do escritor e da obra; bastava citar uma filosofia que lhe fosse afim, ou uma religião que lhe interessasse para obter dele uma visão diferente, plenamente pessoal, das duas; bastava lembrar-lhe as viagens que fizera ou os países que conhecera para que desse o registro detalhado das suas impressões e o da literatura desses países.

Dessa maneira, ele, que havia dito que dialogar era uma maneira indireta de escrever, continuava a escrever através dos diálogos. Ao serem transcritas as conversações para sua publicação, ficou claro que Borges, ao conversar, prolongava sua obra escrita. À magia de lê-lo correspondia, então, a magia de ouvi-lo.

Como disse antes, poderíamos desta forma reconhecer o homem, o escritor, o espírito literário. Aqueles que só conheciam sua obra poderiam conhecer agora o autor, a pessoa Borges, e a concepção sob a qual criava, que era uma só com sua pessoa. Pode-se dizer que, para ele, a realidade era a literatura e que ele, mais do que ninguém, poderia nos dar o registro literário da realidade. Também se poderia pensar que, como não reconhecia a literatura realista, mas unicamente a literatura fantástica, a realidade somente lhe era coerente desde sua perspectiva literária. Assim, Borges explica a literatura e a literatura explica Borges.

Desde seu universo, que era um universo literário, se debruçava sobre as questões que eu lhe propunha. E, embora tratasse a filosofia, a mística, a política etc., sempre o fazia a partir do literário, porque ali residia seu gênio e porque pensava que havia nascido para isso e que esse era seu destino.

Falou de escritores que deram sua maior contribuição no diálogo, mais do que na obra escrita, como Pedro Henríquez Ureña, Cansinos Assens ou Macedonio Fernández; mas, no seu caso pessoal, nossos diálogos revelavam que sua conversação tinha o tom da escrita, que sua assombrosa dimensão literária se dava, ao mesmo tempo, na conversa:

"O que dizemos está sendo registrado, portanto é oral e escrito ao mesmo tempo: enquanto falamos, estamos escrevendo", dizia.

Sua voz, que tinha a tonalidade de sua inteligência, acrescentava: "Não sei se voltarei a escrever um ensaio na minha vida, possivelmente não, ou o farei de maneira indireta, como estamos fazendo agora nós dois".

E, dessa forma, o diálogo foi o âmbito adequado para que o último Borges se expressasse, para que seu pensamento, de natureza literária — e a essa altura da sua vida, também de natureza mística —, chegasse a todos através da comunicação com um interlocutor cinquenta anos mais jovem que ele.

Nestas conversações, seu humor alternou com diferentes matizes entre o ceticismo e a esperança. O "ri" e o "ambos riem" acontecem entre nós dois com frequência, como se verá durante as conversações.

"Conrad, Melville e o mar", é o nome de uma delas; "Oriente, I Ching e budismo", é o nome de outra; "O Sul geográfico e íntimo", o de uma terceira; "Mitologia escandinava e épica anglo-saxã", "Sobre o Amor", "Sobre a conjectura", são os nomes de outras, que junto às últimas, somam neste volume 45.[1] Nelas gravita o espírito de Borges, o que torna possível um encontro com ele mesmo e com a literatura universal, à qual consagrou sua vida.

Abril de 1998

---

[1] A edição original publicada pela Editorial Sudamericana divide-se em dois volumes, cada um com 45 entrevistas. [N. do T.]

SOBRE A AMIZADE
E OUTROS DIÁLOGOS

O ENSINO

OSVALDO FERRARI — *Sr. Borges, muitas vezes penso no seguinte paradoxo: que o senhor, tendo sido professor durante muitos anos, tem mais vocação de discípulo do que de professor, ou maior vocação para aprender do que para ensinar.*

JORGE LUIS BORGES — Acredito que meus alunos me ensinaram muito. Meu pai costumava dizer que os filhos educam seus pais; é a mesma ideia. Agora, sim, eu preferiria sempre um seminário; não entendo como há professores que gostam de ter muitos alunos, porque, bom, muitos alunos são muito difíceis de manejar.

E a aula se dispersa.

Sim, justamente. Eu ministrei aulas durante um ano na Universidade Católica da rua Córdoba, e depois me demiti, porque tinha, digamos, oitenta estudantes de literatura inglesa e quarenta minutos exatos de tempo, e não podia fazer absolutamente nada: entrando e saindo se acabam os quarenta minutos, e ninguém consegue fazer nada. Por outro lado, o ideal seria um seminário com um máximo de seis pessoas — cinco seria melhor, quatro seria ainda melhor — e umas duas horas, assim se pode fazer alguma coisa. E penso que eu fiz bastante quando estudávamos inglês antigo, anglo-saxão, na Biblioteca Nacional, que eu dirigia. Creio que, comigo, éramos cinco, às vezes seis pessoas, e mais nada, e dispúnhamos de um tempo que não era necessário medir, porque fluía generosamente, e nós o aproveitávamos. Depois, tive uma cátedra em Filosofia e Letras, primeiro em Viamonte e mais tarde em Independencia.

E depois, me parece que vieram quatro quadrimestres de literatura argentina nos Estados Unidos e uma série de palestras.

Sim, nas quatro universidades; e as palestras sobre escritores argentinos em diversos estados da União. Eu gostava muito de fazer isso, mas agora descobri — o resto do universo já o tinha descoberto — que eu não sei dar aula, que eu não sei dar palestras; prefiro o diálogo. E anteontem, estive na casa de uma senhora que tem uma oficina literária em Villa Crespo, e respondi a perguntas — perguntas muito benévolas e muito interessantes — sobre temas literários. Dizem que isso durou duas horas e cinco minutos, e eu teria computado esse tempo em meia hora, já que fluiu tão generosamente.

Com as perguntas que lhe faziam.

Sim, com as perguntas; e agora percebo, bom, que o diálogo é a melhor forma para mim. Espero que também seja para os nossos ouvintes e nossos leitores (*ri*).

Me parece que, ao longo do tempo, o senhor teve uma recusa permanente à aula magistral.

Ah, sim, "magistral" no sentido mais sufocante da palavra, sim. Bem, um amigo meu, Emilio Oribe, poeta uruguaio, ensinava filosofia na Faculdade de Filosofia e Letras da Universidade de Montevidéu. Era um homem monumental, era surdo — o que de alguma forma o tornava invulnerável, já que não ouvia o que não queria ouvir —, e me disseram que ele tinha conseguido fixar um curioso rito: uns dez minutos antes de tocar o sinal, esse homem monumental — bastante parecido com Almafuerte ou Sarmiento — fechava os olhos. Então, os estudantes sabiam que tinham que sair, que a aula durava dez minutos a menos. Esse rito já havia sido estabelecido, os estudantes o sabiam e respeitavam esse homem monumental que tinha, bem, falsamente dormido. Isso me foi contado por alunos dele que nem por isso deixavam de gostar dele. Eles percebiam que era natural que, depois de falar, não sei, quarenta minutos, ele já estivesse um pouco cansado, não?

Claro, quanto às palestras, não sei se minha cronologia está certa: primeiro, o senhor proferiu algumas, me parece, no Colégio Livre de Estudos Superiores.

Sim, quando tive que me demitir desse pequeno cargo de inspetor para a venda de aves de curral e ovos, me chamaram do Colégio Livre de Estudos Superiores, e dei uma série de palestras. As primeiras sobre literatura clássica norte-americana, e, evidentemente, falei de Emerson, de Melville, de Hawthorne, de Emily Dickinson, de Thoreau, de Henry James, de Walt Whitman, de Poe. E a segunda série foi de aulas sobre o budismo.

Me parece que depois continuou na Associação Argentina de Cultura Inglesa.

Sim, ali também dei aulas e muitas palestras e depois também em diversas universidades. Em La Plata, dei muitas, na Universidade Católica de La Plata também, e isso mesmo todos sabendo que não sou católico, mas, enfim, durante quarenta e cinco minutos me perdoam por não ser católico (*ri*), e por poder falar com completa liberdade, e tento fazer isso com respeito, é claro.

Depois, a Faculdade de Filosofia e Letras.

Sim, ali foram exclusivamente aulas sobre literatura inglesa e norte-americana. E meu assistente era Jaime Rest, que morreu, e ele trabalhava com a literatura norte-americana e eu com a inglesa. Isso era feito em quadrimestres e, fora alguns nomes inevitáveis, digamos, bom, Chaucer, o Doutor Johnson, Shakespeare, Bernard Shaw, eu sempre tentava mudar de autores. Ou seja, se meus alunos sabiam algo de Chesterton, não sabiam nada de Shaw, por exemplo, ou se sabiam algo de Stevenson, não sabiam nada de George Meredith. E eu tentava variar os autores. Por exemplo, vacilava entre Tennyson e Browning, mas logo percebi que os estudantes não se interessavam por Tennyson e se interessavam muito por Browning, o que é natural, já que o valor de Tennyson é fundamentalmente auditivo, não? Ou seja, são versos muito gratos para o ouvido. Por outro lado, no caso de Browning não, cada poema é uma surpresa técnica, além da invenção de personagens, e personagens muito críveis, muito vívidos. E depois, isso que ele inventou e que mais tarde foi imitado: a mesma história contada pelos diversos protagonistas. Bom, isso já havia sido feito antes por Wilckie Collins em *A pedra lunar*, em que os diversos personagens da história vão contando um conto. E, dessa forma, podemos saber o que um personagem pensa de outro. Sim, tudo isso provavelmente surgiu do romance epistolar, que agora é ilegível para nós; no entanto, gerou esse tipo de literatura, quer dizer, a ideia de uma ficção em que podemos apreciar o ponto de vista de cada um dos personagens, e podemos compartilhar de suas "simpatias e diferenças", como diria Alfonso Reyes. Sim, sinto saudade daqueles anos de ensino, embora me digam que fui um péssimo professor, mas não importa, se consegui despertar algum aluno para o amor — não diria de uma literatura, que é vasto demais — mas sim para o amor a um autor ou a um determinado livro de um autor...

É suficiente.
Já não terei vivido em vão, não terei ensinado em vão.

E quanto aos dezoito anos como diretor da Biblioteca, sr. Borges, haveria alguma maneira de sintetizar na memória a experiência desses dezoito anos?
Deve ser uma lembrança muito vívida, porque em qualquer parte do mundo em que eu esteja, sonho com o bairro de Monserrat; e mais concretamente com a Biblioteca Nacional, na rua México, entre Perú e Bolívar. Sim, é estranho, nos meus sonhos estou sempre ali. De maneira que deve ter ficado algo desse velho edifício. Embora não tenha direito

a chamá-lo de velho; o edifício data de 1901, e eu, desgraça-
damente, sou de 1899. De maneira que para mim é um edifício jovem; de qualquer modo é um irmão mais novo, com
novecentos mil volumes. E eu, que não sei se li novecentos
volumes em toda minha vida (*ri*), provavelmente não. Mas
consultei muitos livros... Já que estamos o senhor e eu sozinhos, posso lhe dizer que acho que não li nenhum livro do
princípio ao fim, exceto alguns romances e exceto... *História da filosofia ocidental*, de Bertrand Russell, acho que não
li nenhum livro na íntegra. Gosto de folhear; isso quer dizer que sempre tive ideia de ser um leitor hedonista, nunca
li por sentimento do dever. Lembro do que dizia Carlyle:
um europeu somente podia ler o Corão do princípio ao fim,
movido pelo sentimento do dever.

*Talvez o senhor voltasse sempre aos índices dos livros que
lhe eram familiares e que não tivesse percorrido em todo seu
conteúdo.*

Não sei se tanto (*ambos riem*). Não quero me gabar;
mas como sempre há um prazer em reler que não há em
ler... Sim, por exemplo, eu sempre digo que meu escritor preferido é Thomas De Quincey, pois aí tenho os qua-
torze volumes que adquiri há muito tempo, e provavelmente
quando eu morrer descobrirão que há tantas páginas sem
cortar nesse livro preferido. Mas isso não quer dizer que não
seja preferido, quer dizer que minha memória volta a ele e
que eu o reli muitas vezes.

*Ou que o leu fragmentariamente para reservar-se outras
páginas.*

Possivelmente, mas talvez sem ter merecido essas páginas; talvez as que mais tivessem me agradado. Ontem me
leram uma página de que gostei muito e que se chama, acho,
O fazedor; e depois de algumas linhas lembrei que eu tinha
escrito. Haviam passado tantos anos e eu o recebi agora com
surpresa, com gratidão, e com certa inveja também, pen-

sando: "Caramba, que bem escrevia Borges naquele tempo, agora declinou notavelmente, já não poderia escrever esses parágrafos". Claro, eu podia escrevê-los — de alguma forma eu tinha visão, eu escrevia, corrigia os rascunhos, relia — isso me permitia ser capaz de longas frases que não fossem cacofônicas. E agora não, agora tenho que ir guardando tudo na memória, e tento salvar o que posso.

No entanto, a opinião dos leitores não coincide com a sua.

Bom, os leitores são muito inventivos; Stevenson disse que o leitor é sempre muito mais inteligente do que nós (*ri*), e isso é verdade.

Não se pode prescindir deles.

Não, mas se a gente guarda um manuscrito, se, esquece dele em uma gaveta e volta a examiná-lo depois de três meses, de algum modo somos esse leitor mais inteligente que o autor. Lembro-me de ter lido na autobiografia de Kipling que ele escrevia um conto e depois o guardava. Depois o relia e encontrava, invariavelmente, erros primários, erros muito, muito grosseiros. E que antes de publicar algo, sempre deixava que passasse pelo menos um ano para que aquilo fosse amadurecendo. E às vezes eu escrevo algo, cometo uma bobagem, me parece impossível corrigi-la; e depois, de repente, caminhando pela rua, me vem a solução, que é sempre muito simples: é tão evidente que é invisível, como "a carta roubada", do famoso conto de Poe.

De maneira que ontem o senhor foi o leitor de O fazedor.

Sim, foi uma boa surpresa para mim, já que eu o havia esquecido. Ele enfeixa obras curtas e deve ser bom, já que nenhuma delas foi escrita para fazer parte de um livro; cada uma delas respondeu a uma necessidade que senti no momento de escrevê-las. Nesse caso é impossível que o livro seja muito ruim; embora, sem dúvida, deva haver erros e momentos errôneos.

Foi escrito por necessidade.

Sim.

BERTRAND RUSSELL

OSVALDO FERRARI — *Um pensador contemporâneo que, acredito, tem acompanhado o senhor para olhar a nossa época, é Bertrand Russell.*

JORGE LUIS BORGES — Certamente, eu li e reli esse livro, essa *Introdução à filosofia da matemática* e o emprestei a Alfonso Reyes. É um livro simples, de leitura muito agradável, como tudo o que Russell escreve, e lembro de tê-lo emprestado a Reyes. Nele li, pela primeira vez, bom, para mim, a melhor, a mais acessível exposição da teoria dos conjuntos do matemático alemão Cantor. Reyes leu o livro e também ficou muito interessado; e às vezes, me perguntam... frequentemente, me fazem essa pergunta sobre o livro que eu levaria para a ilha deserta; um lugar-comum do jornalismo. Bem, começo respondendo que levaria uma enciclopédia, mas não sei se me permitem levar dez ou doze volumes, acho que não (*ri*). Então, opto pela *História da filosofia ocidental*, de Bertrand Russell, que talvez fosse o livro que eu levaria para a ilha... Mas, claro, para isso, me falta a ilha e também a visão, não? (*ambos riem*); já tenho o livro, mas não é suficiente.

Exceto se um leitor o acompanhar.

Nesse caso, sim, nesse caso, muda tudo; e, além disso, a memória dos livros... gostaria de consultar nesse livro, bom, o que li e o que esqueci.

Ou seja, recuperar a memória do livro.

Sim, a memória do livro que eu gostaria de ter. Se fosse perfeita, teria também o livro ao meu alcance. Estou pensando que houve uma época... bom, entre os muçulmanos, me parece que atualmente é muito comum o caso de pessoas que sabem de memória o Corão. Existe a palavra *hafiz*, que quer dizer isto: memorioso, particularmente, memorioso do Corão. Me parece que, atualmente, há sistemas de ensino segundo os quais não se exige do aluno — que pode ser uma criança — o conhecimento do livro; tem que aprendê-lo de memória. Se eu tivesse podido usufruir desse sistema, teria sido uma sorte para mim, já que eu saberia de memória muitos livros e agora poderia entendê-los e lê-los, o que seria o melhor. Por exemplo, se eu tivesse podido ler a *História da filosofia ocidental*, de Russell, quando era criança, com esse sistema, teria entendido muito pouco, mas agora poderia consultar esse livro...

Sua memória poderia ler.

Claro, minha memória poderia ler. De modo que esse sistema, no caso de pessoas que, com o tempo, ficarão cegas, teria sido um excelente sistema para mim, mas, infelizmente, não tive essa sorte, tive que ler e entender. Por outro lado, se tivessem exigido de mim um mero exercício de memória, bom, agora poderia estar lendo tantos livros que ficam tão distantes de mim. Por isso me referia ao caso de muitos livros de Bertrand Russell. E, depois, li outros livros dele, nos quais desenvolve seu sistema pessoal de filosofia, mas eu tenho me sentido sempre excluído desse sistema, quer dizer, entendi cada página à medida que lia, mas, depois, quando tentei organizar tudo isso em minha consciência, falhei, e falhei singularmente.

Mas que ideia se formou do sistema de Russell?

Bem, que é um sistema muito rigoroso, que é um sistema lógico, mas de algum modo, se eu tento imaginá-lo agora, fracasso.

Eu acho que o senhor ficou interessado, sobretudo, na originalidade de Russell para olhar os fatos da sociedade e da política contemporânea...

Ah, sim, e, além disso, acho que é uma pessoa singularmente livre, livre das superstições comuns de nosso tempo, como, por exemplo, a superstição das nacionalidades. Acho que ele está livre disso. Depois, ele tem outro livro *Por que não scu cristão*, mas, como eu não sou cristão, iniciei e parei a leitura desse livro porque senti que era supérfluo: eu não precisava desses argumentos para não ser cristão.

O senhor também concorda com ele na visão do Estado.

Também na visão do Estado, sim. Mas penso que isso corresponde, fundamentalmente, ao individualismo inglês, já que temos... um dos pais do anarquismo seria Spencer, sim, certamente.

Bom, o senhor comentou sobre aquele livro de Russell que é uma coleção de ensaios: Let the people think *(Deixemos que as pessoas pensem), não sei se se lembra...*

Ah, sim, eu comentei... faz algum tempo, não é?

Sim, um desses ensaios se chama "Pensamento livre e propaganda oficial"; outro é "Genealogia do fascismo".

E bom, concordo absolutamente com Russell. Imagino que nessa genealogia deve aparecer Fichte e Carlyle, não?

Justamente.

Sim, porque me lembro de um artigo de Chesterton em que ele falava que a doutrina de Hitler era defasada, que correspondia, mais ou menos, ou que era, de fato, vitoriana.

Ali temos a ideia de que os fatos atuais provêm de teorias anteriores.

Sim, eu diria que os políticos viriam a ser os últimos plagiários, os últimos discípulos dos escritores, mas, geralmente, com um século de atraso ou um pouco mais também, sim. Porque tudo o que se chama atualidade é realmente..., é um museu, usualmente arcaico. Agora, por exemplo, todos estamos maravilhados com a democracia; bom, tudo isso nos leva a Paine, a Jefferson *(ri)*, àquilo que pode ter sido uma paixão quando Walt Whitman escreveu *Folhas de relva*, no ano de 1855. Tudo isso é a atualidade; de modo que os políticos seriam leitores atrasados, não? Leitores antiquados, leitores de velhas bibliotecas; bom, como eu também o sou, de fato, agora.

Talvez tenham sido eles, senhor Borges, os que o levaram à concepção desta frase: "A realidade é sempre anacrônica".

De quem é essa frase?

Sua... (ri).

Eu acho que o senhor acaba de me presenteá-la.

Não, não.

Concordo com ela, mas concordo tanto que me parece alheia, não? Normalmente, concordo com o que leio e não com as ideias que me ocorrem. Como é a frase?

"A realidade é sempre anacrônica".

Eu devo tê-la dito ao senhor, não?

Aparece na leitura que o senhor faz desse livro de Russell, Genealogia do fascismo, *que figura em seu livro* Outras inquisições.

Ah, bom. Sim, na verdade, esse livro está cheio de surpresas para mim (*ri*); faz tanto tempo que o escrevi, que agora me parece novo.

Ali, o senhor comenta sobre um livro de Wells e comenta sobre o livro de Russell.

Certamente, e isso foi publicado em *La Nación*, e ali Russell dizia que é necessário ensinar às pessoas a arte de ler os jornais.

Precisamente.

Bom, e isso foi modificado, porque podia afetar a própria *Nación*, e colocaram "A arte de ler certos jornais", e, assim, eles se excluíam (*ri*). Sim, eu lembro. Durante a Primeira Guerra Mundial — que, esperávamos, fosse a última — por exemplo: os alemães iniciavam uma ofensiva e tomavam o povoado Xis. Então, anunciavam a conquista desse povoado ou dessa cidade e os aliados, dois ou três dias depois, diziam que a ofensiva alemã havia fracassado, que não tinha passado dessa cidade que haviam conquistado. Mas eram duas maneiras de dizer a mesma coisa.

Claro.

E Russell, precisamente, queria prevenir o leitor contra esse tipo de erro.

É por isso que ele dizia: "O pensamento livre e a propaganda oficial", claro. Agora, ele...

Bem, acho que algo disso já sabemos neste país, não? Talvez demais, talvez tudo! E não há dúvida de que continuamos à mercê dessa propaganda.

Russell tem uma curiosa conclusão: ele diz que o século XVIII era racional, e o nosso antirracional. Mas ele disse isso frente ao fascismo e ao nazismo, naquele momento, não é verdade?

Mas frente a tantas coisas; frente ao super-realismo, frente ao culto à desordem, frente à desaparição, bem, de certas formas do verso, ou ainda da prosa; frente à desaparição dos sinais de pontuação, que foi uma inovação interessantíssima, não é? *(ambos riem).*

Além do mais, acrescentou que a ameaça à liberdade individual é maior em nossos dias do que em qualquer momento desde o ano 1600, mas novamente devemos lembrar que ele disse isso no auge do nazismo e do fascismo, não?

Sim, mas esse auge ainda não cessou.

O senhor o vê assim?

Bem, eu diria que uma de suas formas mais exacerbadas é o que se chama comunismo na União Soviética, não? É a forma mais exacerbada do fascismo, da intervenção do Estado, bem, nesse duelo proposto por Spencer em *O indivíduo contra o Estado*; bom, é evidente que, onde o Estado é ubíquo atualmente, é na União Soviética.

Embora nos países ocidentais o Estado também nos ameace, como o senhor lembra permanentemente.

Bom, talvez neste momento nos esteja ameaçando (*ri*) enquanto falamos, possivelmente enquanto nós dois conversamos aqui.

Outro aspecto muito particular de Russell é sua posição frente às religiões, não somente frente ao cristianismo, mas frente ao fenômeno da religião. O senhor deve se lembrar daquele livro dele, A religião e a ciência.

Sim, o li faz tempo, mas me lembro dele e a oposição me parece evidente, mas, a longo prazo, quem acaba cedendo é a religião. Por exemplo, quando Hilaire Belloc responde a Wells, não questiona a evolução etc., salvo que diz que tudo isso já está em Santo Tomás de Aquino, na *Suma teológica*, mas seguramente não estava no Pentateuco. Sim, a religião, bem, se torna cada vez mais sutil, vai interpretando a ciência, tenta harmonizar a ciência, não sei se com a Sagrada Escritura, mas sim com a teologia, com as diversas teologias, mas, no final, a ciência triunfa e não a religião.

Dizem que vivemos em uma época dessacralizada, e, de qualquer forma, isso corresponde à época da ciência.

De qualquer forma, no Irã se faz a apologia do Islã, mas realmente podemos sentir que eles têm mais fé na metralhadora do que no milagre, quer dizer, eles acreditam em uma guerra científica, e não na de cimitarras e camelos. E aqui padecemos de uma guerra, ou de uma guerrinha, que foi terrível, como todas as guerras — mesmo que sejam de minutos —; gostaria de lembrar que, pelo que eu saiba, houve duas pessoas que falaram veementemente contra essa guerra — que, espero, seja esquecida em breve: Silvina Bullrich e eu. Não me lembro de nenhum outro; o resto calou ou aplaudiu. Agora, muita gente deve ter pensado como nós, mas se abstiveram de expressá-lo publicamente.

De qualquer forma, outra de suas afinidades com Russell é sua posição diante da guerra.

Certamente.

O POEMA CONJECTURAL

41

OSVALDO FERRARI — *Sr. Borges, não resisto à tentação de ler e comentar com o senhor um poema incluído em sua* Antologia pessoal, *o que revela que também é de sua preferência.*

JORGE LUIS BORGES — Ou que me resigno a ele, não? Porque, a partir do momento em que se deve fazer uma antologia, ela tem que ter uma certa extensão... De modo que, de qualquer forma, me resignei a esse poema. Espero que não seja muito longo.

Esse poema tem a virtude de dar-nos uma perspectiva histórica tão concreta que, na verdade, parece que não é o senhor quem fala, mas a história através do senhor. Me refiro, evidentemente, ao Poema conjectural.

Ah, sim, bem, ele começa: "Zumbem as balas na tarde última";[1] obviamente "na tarde última" é deliberadamente ambíguo, já que pode ser o final da tarde ou a última tarde do protagonista, do meu distante parente Laprida.

Na epígrafe diz: "O doutor Francisco Laprida, assassinado no dia 28 de setembro de 1829 pelos montoneros[2] de Aldao, pensa antes de morrer".[3]

Sim, claro, quando escrevi esse poema, sabia que, historicamente, isso era impossível, mas que, se olharmos Laprida simbolicamente, esse poema é possível. Evidentemente,

---

[1] Zumban las balas en la tarde última.

[2] C *montonero* pertencia a um "grupo de gente a cavalo que participava como força irregular nas guerras civis de alguns países de América do Sul" (Dicionário da RAE).

[3] El doctor Francisco Laprida, asesinado el día 28 de septiembre de 1829 por los montoneros de Aldao, piensa antes de morir.

seus pensamentos devem ter sido muito diversos, mais fragmentados e talvez sem citações eruditas de Dante, não?

No entanto, há uma coerência histórica ao longo do poema:

> *Zumbem as balas na tarde última.*
> *Há vento e há cinzas no vento*[4]...

Não sei se isso pode se justificar, mas soa bem, esteticamente pode se justificar. Que haja cinzas, não sei, possivelmente incendiaram alguma coisa, mas não importa; acredito que a imaginação do leitor aceita essas inverossímeis cinzas, não é?

(Ri) *Sim.*

> *...Se dispersam o dia e a batalha*
> *deformada, e a vitória é dos outros*[5]...

"Deformada" fica estranho junto de "batalha", e "se dispersam o dia e a batalha" está bem colocado, me parece.

Excelente:

> *...Vencem os bárbaros, os* gauchos *vencem...*[6]

Sim, justamente, eu queria que essas duas palavras fossem sinônimas, já que, infelizmente, existe o culto ao *gaucho*.

Então, fala conjecturalmente Laprida:

> *Eu, que estudei as leis e os cânones,*
> *eu, Francisco Narciso de Laprida,*
> *cuja voz declarou a independência*

[4] Zumban las balas en la tarde última./ Hay viento y hay cenizas en el viento...

[5] Se dispersan el día y la batalla/ deforme, y la victoria es de los otros.

[6] Vencen los bárbaros, los gauchos vencen.

destas cruéis províncias, derrotado,
de sangue e de suor manchado o rosto,
sem esperança nem temor, perdido,
fujo para o Sul por arrabaldes últimos... [7]

Sim, acho que, afortunadamente, ele foi para o Sul, já que "sul" é uma palavra que tem tanta ressonância. Por outro lado, "oeste" e "leste", não têm nenhuma, em espanhol; "norte", um pouco melhor, mas "leste" e "oeste"... poderíamos disfarçá-los como "oriente" e "ocidente", que soam melhor.[8]

...Como aquele capitão do Purgatório
que, fugindo a pé e ensanguentando o campo... [9]

Esse verso é bom porque não é meu, porque é de Dante: "*Sfuggendo a piede e insanguinando il piano*", o traduzi literalmente, sem muitas dificuldades, claro.

...foi cegado e derrotado pela morte
onde um escuro rio perde o nome,
assim hei de cair. Hoje é o término.
a noite lateral dos pântanos
me espreita e me demora. Ouço os cascos
de minha cálida morte que me busca
com cavaleiros, com beiços e com lanças.

Eu que desejei ser outro, ser um homem
de sentenças, de livros, de ditames,

[7] Yo que estudié las leyes y los cánones,/ yo, Francisco Narciso de Laprida,/ cuya voz declaró la independencia/ de estas crueles provincias, derrotado,/ de sangre y de sudor manchando el rostro,/ sin esperanza ni temor, perdido,/ huyo hacia el Sur por arrabales últimos.

[8] Borges comenta sobre a sonoridade das palabras *norte, sur, este, oeste, oriente* e *occidente*, em espanhol.

[9] Como aquel capitán del Purgatorio/ que, huyendo a pie y ensangrentando el llanc...

O POEMA CONJECTURAL

a céu aberto jazerei entre lamaçais;
mas me endeusa o peito inexplicável
um júbilo secreto. Enfim me encontro
com meu destino sul-americano... [10]

Bom, esse é o melhor verso. Quando publiquei esse poema, o poema não só era histórico do passado, mas histórico do contemporâneo, porque certo ditador acabava de assumir o poder, e todos nos encontramos com nosso destino sul-americano. Nós, que brincávamos de ser Paris e que éramos, bom, sul-americanos, não? De modo que, naquele momento, quem leu isso o sentiu como algo atual:

Enfim me encontro
com meu destino sul-americano.

Sul-americano no sentido mais melancólico da palavra, o mais trágico da palavra.

Mas, com essas linhas, o senhor deu início a uma compreensão metafísica de nosso destino porque, agora, todos sabemos que, em algum momento, vamos nos encontrar com nosso destino sul-americano.

Eu diria que já nos encontramos, e muito, não? (*ri*). O curioso é que também há uma tendência a isso, não é? Porque antes se pensava na América do Sul como um lugar muito distante e com certo encanto exótico. E agora não. Agora somos sul-americanos, temos que nos resignar a sê-lo e ser dignos desse destino que, afinal de contas, é o nosso.

Claro. O poema continua:

[10] ...fue cegado y tumbado por la muerte/ donde un oscuro río pierde el nombre,/ así habré de caer. Hoy es el término./ La noche lateral de los pantanos/ Me acecha y me demora. Oigo los cascos/ de mi caliente muerte que me busca/ con jinetes, con belfos y con lanzas.// Yo que anhelé ser otro, ser un hombre/ de sentencias, de libros, de dictámenes,/ a cielo abierto yaceré entre ciénagas;/ pero me endiosa el pecho inexplicable/ un júbilo secreto. Al fin me encuentro/ con mi destino sudamericano...

JORGE LUIS BORGES E OSVALDO FERRARI

A esta ruinosa tarde me levava
o labirinto múltiplo de passos
que meus dias teceram desde um dia
da infância. Por fim descobri
a recôndita chave de meus anos,
a sorte de Francisco de Laprida,
a letra que faltava, a perfeita
forma que soube Deus desde o princípio.
No espelho desta noite alcanço
meu insuspeitado rosto eterno. O círculo
vai se fechar. Eu aguardo que assim seja.[11]

É bom esse poema, não é? Apesar de eu tê-lo escrito, é bom.

Está cada vez melhor (ri).

Melhorado pelo senhor, neste momento, sim, que o lê com tanta convicção.

Termina dizendo:

Pisam meus pés a sombra das lanças
que me buscam. As mofas da minha morte,
os cavaleiros, as crinas, os cavalos,
se cernem sobre mim... Já o primeiro golpe,
já o duro ferro que me abre o peito,
a íntima faca na garganta.[12]

Bom, eu estava lendo os monólogos dramáticos de Browning e pensei: vou tentar algo parecido, mas aqui, há algo...

---

[11]A esta ruinosa tarde me llevaba/ el laberinto múltiple de pasos/ que mis días tejieron desde un día/ de la niñez. Al fin he descubierto/ la recóndita clave de mis años,/ la suerte de Francisco de Laprida,/ la letra que faltaba, la perfecta/ forma que supo Dios desde el principio./ En el espejo de esta noche alcanzo/ mi insospechado rostro eterno. El círculo/ se va a cerrar. Yo aguardo que así sea.

[12]Pisan mis pies la sombra de las lanzas/ que me buscan. Las befas de mi muerte,/ los jinetes, las crines, los caballos,/ se ciernen sobre mí... Ya el primer golpe,/ ya el duro hierro que me raja el pecho,/ el íntimo cuchillo en la garganta.

que não está em Browning, e é o fato de que o poema corresponde à consciência de Laprida; o poema termina quando essa consciência termina. Ou seja, o poema termina porque quem o está pensando ou sentindo, morre; "a íntima faca na garganta" é o último momento de sua consciência e é o último verso. Isso dá força ao poema, me parece, não?

Sim, sem dúvida.

Embora, é claro, seja completamente inverossímil, porque esses últimos momentos de Laprida, perseguido por aqueles que iam matá-lo, devem ter sido menos racionais, mais fragmentados, mais casuais. Ele deve ter tido percepções visuais, percepções auditivas; o fato de se perguntar se o alcançariam ou não. Mas não sei se isso teria servido para um poema; é melhor supor que ele pôde ver tudo isso com a relativa serenidade que corresponde à poesia, e com as frases mais ou menos bem construídas. Penso que, se tivesse sido um poema realista, se tivesse sido o que Joyce chama de monólogo interior, o poema teria perdido muito e é melhor que seja falso, quer dizer, que seja literário.

Mas, apesar disso, o poema tem aspectos que podem ser verdadeiros para todos: o senhor menciona que "o labirinto múltiplo de passos" que deu em sua vida foi "tecendo" esse destino...

Claro, e eu, que percorri muitos países, quantos passos devo ter dado, e esses passos me levam para o último que ainda ignoro, e que me será revelado em seu momento oportuno, que pode ser em breve, já que, ao chegar a determinada idade, podemos morrer a qualquer momento ou, de qualquer forma, temos a esperança de morrer a qualquer momento.

Ou podemos continuar viajando.

Sim, ou podemos continuar viajando, sim; isso não se sabe. Eu deveria estar cansado de viver e, no entanto, me resta bastante curiosidade, sobretudo se penso em dois países: se penso na China e na Índia, creio que meu dever é conhecê-los.

Há muitos anos quero comentar pelo menos duas possíveis deduções do Poema conjectural.

Quais são?

O poema implica, através do "labirinto múltiplo de passos", e dessa "chave" que é o destino ali, que todo destino pode ter uma coerência, que pode ser cósmico e, em consequência, ter sentido.

Não sei se cósmico, mas sim está predeterminado. Agora, isso não significa que haja algo ou alguém que o predetermine; quer dizer que a soma de efeitos e causas é, talvez, infinita e que estamos determinados por essa ramificação de efeitos e de causas. É por isso que não acredito no livre arbítrio. Então, esse momento seria o último e teria sido determinado por cada passo que Laprida deu desde que começou sua vida.

A outra dedução possível, sr. Borges, é que nós, sul--americanos — já que o poema fala disso — teríamos chegado a ter de alguma maneira, um destino próprio, um destino sul-americano.

Bem, um destino triste, não? Um destino de ditadores. Mas, parece que, de alguma forma, estamos predestinados: nenhum continente gerou pessoas que quisessem ser chamadas de "O supremo entrerriano", como Ramírez; "O supremo", como López, no Paraguai; "O grande cidadão", como não sei quem, na Venezuela; "O primeiro trabalhador",[13] que não é necessário explicar. É muito estranho, isso não aconteceu nos Estados Unidos; provavelmente, houve algum ditador — acho que Lincoln foi um ditador —, mas não se enfeitou com esses títulos. Ou "O restaurador das leis", que é mais estranho ainda: ninguém sabe quais foram essas

---

[13]El primer trabajador: Alusão a Juan Domingo Perón, como consta na letra da "Marcha peronista", de Óscar Ivanissevich.

leis e ninguém tentou averiguar; basta o título. Viria a ser um exemplo do que Huidobro chama de "Criacionismo", não? Uma literatura que não tem nada a ver com a realidade. "Restaurador das leis", que leis, que leis restaurou? Isso não interessa a ninguém. Parece que todos quiseram ter um *epíteto ornens*.

No entanto, dá a impressão de que somos capazes, às vezes, de amadurecer; entre as possibilidades que guardava nosso destino, está, como o senhor disse há pouco, esta nova esperança que agora vivemos.

Tomara; de qualquer forma, devemos ser fiéis a essa esperança, mesmo que, talvez, nos exija algum esforço. Que outra esperança temos? Acreditemos na democracia, por que não?

NOVO DIÁLOGO SOBRE A POESIA

OSVALDO FERRARI — *Segundo uma antiga tradição do Oriente, sr. Borges, no paraíso Adão falava em verso...*

JORGE LUIS BORGES — Não sabia disso; eu sei que falava em hebraico, evidentemente, já que o pai de Coleridge, que era pastor em um povoado da Inglaterra, pregava, e os fiéis agradeciam muito que ele intercalasse longos parágrafos no idioma imediato do Espírito Santo (*"The immediate tongue of the Holy Ghost"*), que era, naturalmente, hebraico. Quando ele morreu, outro pregador o sucedeu, e ele não sabia hebraico ou não tinha o hábito de usá-lo, e os fiéis se sentiram frustrados, porque, embora não entendessem nenhuma palavra, isso não importava; gostavam de ouvir o pregador falar no idioma imediato do Espírito Santo, o hebraico. Bom, em uma página de Sir Thomas Browne, ele diz que seria interessante deixar dois garotos em um bosque — digamos Rômulo e Remo — porque, estando sozinhos, eles não imitariam outros, então seria possível, assim, recuperar a pronúncia primitiva e edênica, ou paradisíaca, do hebraico, que seria o idioma que falariam esses meninos. Mas parece que fizeram essa experiência e os garotos não falaram: emitiram alguns sons incompreensíveis. De modo que alguém havia imaginado que, ao abandonar dois garotos, se recuperaria o idioma primitivo da humanidade.

O idioma original...

O hebraico, sim, mas eu não sabia que Adão falava em verso. No entanto, lembro de ter lido em algum livro sobre a cabala — um dos poucos livros que eu li sobre a cabala — que se supõe que Adão (claro, Adão havia saído diretamente

NOVO DIÁLOGO SOBRE A POESIA

das mãos de Deus) era o melhor historiador, o melhor metafísico, o melhor matemático, já que havia nascido perfeito e havia sido instruído pela divindade ou pelos anjos. Supõe-se também que era altíssimo, e que, posteriormente, começou a decair; há uma frase muito bela de Léon Bloy que diz que quando Adão é expulso do paraíso, já não é um fogo, e sim uma faísca que está se apagando. E se supõe também que a cabala tem uma tradição muito antiga, já que foi ensinada pelos anjos a Adão, Adão a ensinou a Caim e a Abel, eles a ensinaram a seus filhos, e assim essa tradição foi sendo transmitida até meados da Idade Média. Porque agora nós apreciamos uma ideia se ela é nova; antes ocorria o contrário, uma ideia, para ser recebida com respeito, tinha que ser muito antiga; então, o que há de mais antigo do que Adão como o primeiro cabalista?

Como o primeiro instruído pelo espírito.

Sim, mas no caso dele, os anjos também eram cabalistas, os anjos também estavam muito perto de Deus.

De qualquer forma, sabemos que a literatura começa pela poesia...

De modo que essa lenda de Adão viria a corroborar isso.

Claro.

Penso que se fala muito pouco sobre o verso hebraico, salvo os paralelismos, não? Porque os salmos não constam de um número determinado de sílabas, e ignoram a rima e também a aliteração, me parece. É por isso que eles têm, é claro, um ritmo, que Walt Whitman, de forma um pouco tardia, tentou imitar.

Que recuperou.

Não sei se o recuperou, mas, de qualquer forma, ele começou pelos salmos de Davi, na versão dos bispos da Bíblia inglesa.

Da mesma maneira, a obra de Borges começa pela poesia, porque começa com Fervor de Buenos Aires.

Bem, sim, mas deveríamos dizer poesia entre aspas, porque não acho que essa seja poesia. É uma prosa mais ou menos cuidada, mas, quando a escrevi, lembro ter pensado menos em Whitman, a quem invoquei como mestre, do que na prosa de Quevedo, a quem eu lia tanto naquela época. De qualquer forma, acredito que esse livro está cheio de latinismos, à maneira de Quevedo, que, depois, eu tentei atenuar.

No entanto, a invocação a Whitman persistiu, porque, naquele momento, o senhor usou o verso livre.

Naquele caso, sim; agora, não sei se meu verso livre se parecia com o de Whitman, ou se parecia com a cadenciada prosa de Quevedo, ou de Saavedra Fajardo, a quem eu lia muito naquele tempo também.

Há algumas ideias suas sobre poesia que me interessam, sr. Borges; o senhor disse que qualquer poesia que se baseie na verdade deve ser boa.

Bem... deveríamos dizer na verdade, ou na absoluta imaginação, não? Que é o contrário; bom, não, mas é que a imaginação também tem que ser verdadeira, no sentido de que o poeta deve acreditar no que imagina. Creio que o fatal é pensar na poesia como em um jogo de palavras, embora, ao mesmo tempo, isso pudesse levar à cadência.

Sim, mas me parece que o senhor está interessado, particularmente, na verdade emocional, digamos.

A verdade emocional, quer dizer, eu invento uma história, eu sei que essa história é falsa, é uma história fantástica ou uma história policial — que é outro gênero da literatura fantástica —, mas, enquanto escrevo, devo acreditar nela. E isso coincide com Coleridge, que disse que a fé poética é a suspensão momentânea da incredulidade.

Isso é fantástico.

Sim, por exemplo, uma pessoa assiste, em um teatro, *Macbeth*. Sabe que são atores, homens disfarçados que repetem versos do século XVII, mas essa pessoa esquece tudo isso, e acredita que está acompanhando o terrível destino de Macbeth, levado ao assassinato pelas bruxas, por sua própria ambição e por sua mulher, Lady Macbeth.

Claro.

Ou, quando vemos um quadro, vemos uma paisagem e não pensamos que é um simulacro pintado numa tela, vemos isso, bem, como se o quadro fosse uma janela que se abre a essa paisagem.

Sim, agora, o senhor também disse que a palavra música, aplicada ao verso, é um erro ou uma metáfora, que existe uma entonação própria da linguagem.

Sim, por exemplo, penso que eu tenho ouvido para o que Bernard Shaw chamava *word music* (música verbal), e não tenho nenhum ouvido, ou muito escasso, para a música instrumental ou cantada.

São duas coisas diferentes.

Sim, são duas coisas diferentes, e, além disso, conversei com músicos que não têm ouvido para a música verbal, que não sabem se um parágrafo em prosa ou uma estrofe em verso está bem medida.

Outra opinião sua sobre a poesia é que é possível prescindir da metáfora no poema.

Penso que sim, salvo no sentido... quando Emerson disse que a linguagem é poesia fóssil; nesse sentido, toda palavra abstrata começaria sendo uma palavra concreta, e é uma metáfora. Mas, ao mesmo tempo, para entender um discurso abstrato, temos que esquecer as raízes físicas, as etimologias de cada palavra, temos que esquecer que são metáforas.

Sim, porque a etimologia de metáfora...

É translação...

Translação.

Sim, mas a metáfora é uma metáfora, a palavra metáfora é uma metáfora.

Tudo tem um sentido simbólico, mas uma das ideias que me parecem mais interessantes, a encontro em Rilke sob uma forma, e, no senhor, sob outra parecida. Rilke disse que a beleza não é outra coisa que o começo do terrível, e o senhor relacionou a poesia com o terrível lembrando, talvez, de poetas celtas: a ideia de que o homem não é completamente digno da poesia. O senhor lembrou que, em termos bíblicos, o homem não poderia ver Deus, porque, ao vê-lo, morreria, e inferiu que com a poesia aconteceria algo parecido.

Eu tenho um conto baseado nessa antiga ideia: trata-se de um poeta celta a quem o rei encomenda um poema sobre o palácio. E o poeta ensaia durante três anos, três vezes, esse poema. Nas duas primeiras vezes, ele se apresenta com um manuscrito, mas na última não, chega sem manuscrito e diz uma palavra ao rei; essa palavra, evidentemente, não é a palavra "palácio", é uma palavra que expressa o palácio de um modo mais perfeito. E então, quando o poeta pronuncia essa palavra, o palácio desaparece, porque não há motivo para o palácio continuar existindo, já que foi expresso em uma única palavra.

A poesia e a magia.

Sim, viria a ser isso, e em outro final possível, creio que o rei entrega um punhal ao poeta, porque o poeta alcançou a perfeição: encontrou essa palavra, e não tem por que continuar vivendo. E também porque o fato de ter encontrado uma palavra que poderia substituir a realidade viria a ser uma espécie de blasfêmia, não? O que é um homem para encontrar uma palavra que possa substituir uma das coisas do universo?

Isso me faz lembrar que, em termos religiosos, se considerava que os nomes das antigas cidades eram secretos.

Sim, De Quincey lembra o caso de Roma, e menciona o nome de um romano que foi condenado à morte e executado por ter revelado o segredo, e depois De Quincey acrescenta

NOVO DIÁLOGO SOBRE A POESIA

que esse nome secreto foi tão bem guardado que não chegou até nós.

Sim.

Entende-se que se alguém possui o nome secreto de Roma, esse alguém possui Roma, porque saber o nome de alguma coisa equivale a dominá-la, e isso corresponderia àquilo que mencionamos em outras oportunidades: o "Eu sou aquele que sou"... como uma, bem, como um eufemismo de Deus para não dizer seu verdadeiro nome a Moisés. É o que pensava Martin Buber.

Trata-se agora do nome secreto de Deus.

Sim, havia um nome secreto, mas Deus, para não revelar esse nome, que o teria colocado em poder de Moisés, diz: "Eu sou aquele que sou", e dessa forma, evita uma resposta exata, seria como um subterfúgio de Deus.

Sim, mas voltando, gostaria de perguntar se, pessoalmente, o senhor sentiu uma relação entre o terrível e o poeta, ou a poesia ou a beleza, que são os termos mencionados.

Entre o terrível e a beleza sim, porque... eu sentia isso antes, quando pensava que éramos indignos da beleza; por outro lado, agora penso que a beleza é assaz frequente e por que não hospedá-la e recebê-la?

O outro aspecto que me parece importante, e que mencionamos quando falamos de Platão e Aristóteles, é que, provavelmente, o poeta continua sendo capaz de usar, ao mesmo tempo, o raciocínio e também a intuição, ou...

Ou o mito.

Sim, na sociedade contemporânea talvez seja o poeta quem ainda maneje ambas as coisas.

O poeta é capaz de usar ambas as coisas, sim, mas sempre se inclina mais para um lado do que para outro, não é? Me acusaram de ser um poeta intelectual.

Se enganaram.

Sim, mas é estranho isso; parece que no começo acusaram Browning de ser um poeta muito decorativo, e depois, no final, disseram que ele era tão intelectual que se tornava incompreensível.

A CHEGADA DO HOMEM À LUA

Osvaldo Ferrari — *Sr. Borges, há um fato da nossa época que parece impressioná-lo particularmente e sobre o qual não se costuma falar, apesar de ter acontecido há pouco tempo; me refiro à chegada do homem à lua.*

Jorge Luis Borges — Sim, eu escrevi um poema sobre esse tema. Agora, por razões políticas, ou seja, circunstanciais e efêmeras, as pessoas têm tendência a diminuir a importância dessa façanha, que, para mim, é a façanha capital do nosso século. E, de maneira absurda, a chegada do homem à Lua foi comparada com o descobrimento da América. Isso parece impossível, mas acontece com bastante frequência. Sim, pela palavra "descobrimento", já que as pessoas estão acostumadas com o "descobrimento da América", então se aplica ao "descobrimento da Lua", ou ao descobrimento de, não sei, de outra vida, por exemplo, não? Bem, penso que, depois de inventado o navio, de inventados, digamos, os remos, o mastro, as velas, o leme, o descobrimento da América era inevitável. Eu diria que falar de "descobrimento da América" é superficial, que seria melhor falar dos descobrimentos da América, já que houve tantos. Podemos começar pelos de caráter mítico, por exemplo, a Atlântida, que encontramos nas páginas de Platão e de Sêneca, ou as viagens de São Brandão, aquelas viagens em que se chegava a ilhas com lebréus de prata que perseguem cervos de ouro, mas podemos deixar esses mitos, que talvez sejam um reflexo transformado de fatos reais e podemos chegar ao século x, e então temos uma data segura com a aventura daquele cavalheiro, que foi também um viking, e também, como tanta gente daquelas latitudes, daquela época, um assassino: parece que

Erik, o Vermelho, causou várias mortes na Noruega, e que isso o fez ir até a Islândia. Ali provocou outras mortes e teve que fugir para o Oeste. Imaginemos que, naquele então, as distâncias eram muito maiores que agora, já que o espaço se mede pelo tempo. Bem, ele e seus navios chegaram a uma ilha que chamaram de Groenlândia — me parece que em islandês se diz *Greneland*. Agora, há duas explicações: fala-se da cor verde dos gelos — isso parece inverossímil — e de que Erik a batizou de Groenlândia (terra verde) para atrair colonos. Erik, o Vermelho, é um belo nome para um herói e para um herói do Norte, não?

Para um herói sanguinário.

Sim, para um herói sanguinário. Erik, o Vermelho, era pagão, mas não sei se era devoto de Odim, que dá seu nome à quarta-feira inglesa, ou de Thor, que deu seu nome ao Thursday, a quinta-feira, já que um se identificava com Mercúrio — a quarta-feira — e o outro com Jove, Júpiter — a quinta-feira. O fato é que chegou à Groenlândia, levou colonos consigo, fez duas expedições... e depois, seu filho Leif Erikson, descobre o continente: chega a Labrador, e mais além do que agora é a fronteira do Canadá, entra no que agora são os Estados Unidos. E depois temos os descobrimentos posteriores, bem, de Cristóvão Colombo, de Américo Vespúcio, que dá seu nome ao continente. E depois são incontáveis os navegantes portugueses, holandeses, ingleses, espanhóis, de todo lugar, que vão descobrindo nosso continente. Agora, eles procuravam as Índias, e tropeçaram com este continente, que agora é tão importante, no qual estamos conversando.

Além do mais, pensaram que fazia parte das Índias.

Sim, pensaram que fazia parte das Índias, e por isso usaram a palavra índio, que se aplica aos indígenas daqui. Ou seja, tudo isso era um acontecimento fatal que tinha que acontecer; e a prova disso é que aconteceu, bom, historica-

A CHEGADA DO HOMEM À LUA

mente, a partir do século x. E, de qualquer forma, isso teria acontecido, já que havia a navegação. Por outro lado, a chegada do homem à Lua é completamente diferente; trata-se de uma empresa que é não somente física — não pretendo negar a coragem de Armstrong e dos outros — mas de uma empresa intelectual e científica; foi algo planejado, algo executado, não um dom do acaso. É completamente diferente, e, além disso, é algo — acho que aconteceu em 1969, se não me engano — que prestigia a humanidade, não somente porque participaram homens de diferentes nacionalidades, mas pelo fato de que, bem, chegar à Lua não é uma façanha menor. E, curiosamente, dois romancistas que escreveram livros sobre esse tema... cronologicamente, o primeiro foi Júlio Verne, e o outro, evidentemente, H.G. Wells; nenhum dos dois acreditava na possibilidade da empresa, e eu lembro que quando Wells publicou seu primeiro romance, Verne ficou muito escandalizado, e disse: "ele está inventando", porque Verne era um francês razoável que achava extravagantes os sonhos, as excentricidades de Wells. Os dois pensaram que era impossível, embora em algum livro de Wells, não me lembro em qual, se fale da Lua, e se diga que essa Lua será o primeiro troféu do homem na conquista do espaço. Agora, poucos dias depois da execução da façanha, eu me senti muito feliz — e me parece que, no poema, eu digo que não existe no mundo um homem mais feliz, agora que essa façanha foi executada —, e veio me ver o adido cultural da embaixada soviética, e, para além dos preconceitos, bem, limítrofes, digamos, ou cartográficos que estão na moda atualmente, ele me disse: "Foi a noite mais feliz da minha vida". Ou seja, tinha esquecido que isso foi organizado nos Estados Unidos e pensou simplesmente: "chegamos à Lua, a humanidade chegou à Lua". Mas agora o mundo tem se mostrado estranhamente ingrato com os Estados Unidos. Por exemplo, a Europa foi salva duas vezes, bem, de crueldades absurdas, pelos Estados Unidos: a Primeira e a Segunda

Guerra Mundial; a literatura atual é inconcebível sem... vamos mencionar três nomes: digamos, Edgar Allan Poe, Walt Whitman e Herman Melville, sem mencionar o nome de Henry James. Mas não sei por que essas coisas não são reconhecidas. Talvez pelo poderio dos Estados Unidos. Bem, Berkeley, o filósofo, disse que o quarto e o máximo império da história seria o da América. E ele se propôs a preparar os colonos das Bermudas, e os peles vermelhas para seu futuro destino imperial (*ri*). Então, temos esta grande façanha, a vimos, nos sentimos felizes e agora, com mesquinharia, tendemos a esquecê-la. Mas estou monopolizando este diálogo (*ri*).

(Ri) *Mas é muito interessante. Poucos anos antes tinha começado... o começo da façanha havia acontecido em 1957, quando foi lançado – bom, aqui foi a União Soviética – o primeiro foguete artificial. E doze anos depois...*

Ou seja, esses dois países rivais estavam colaborando.

Colaborando com esta carreira espacial.

Sim, seria por motivos de rivalidade, mas o fato é que devemos a essa rivalidade a execução dessa façanha.

Do homem.

Sim, essa façanha do homem, que, para mim, é a máxima deste século. Mas é claro que foi possível graças aos computadores etc., que também foram uma invenção deste século, não? Ou seja... este século, bem, todos sentimos que estamos declinando, mas pensamos em razões éticas ou econômicas, especialmente neste país. Bom, talvez a literatura do século XIX tenha sido mais rica, atualmente foram inventadas uma quantidade de ciências absurdas, por exemplo, a psicologia dinâmica, ou a sociolinguística. Mas, enfim, essas são brincadeiras passageiras, não é? (*ambos riem*); esperemos que sejam rapidamente esquecidas. Todavia, cientificamente, não se pode negar tudo o que tem sido feito.

Sim, o senhor tem razão, porque, conforme o que dissemos,

A CHEGADA DO HOMEM À LUA

faz somente 28 anos que o homem começou, digamos, a aventura de sair da Terra e, no entanto, não se fala disso como se supõe que...

Não, não se fala disso porque, como se está falando de eleições, claro, se está falando do tema mais melancólico de todos, a política. Certamente, não digo pela primeira vez que sou inimigo do Estado e dos Estados, e do nacionalismo, que é uma das pragas de nosso tempo, o fato de as pessoas insistirem no privilégio de ter nascido em tal ou qual ângulo ou canto do planeta, não? E de estarmos tão distantes do antigo sonho dos estoicos, quando as pessoas eram definidas pela cidade: Tales de Mileto, Zenão de Eleia, Heráclito de Éfeso etc., eles diziam que eram cidadãos do mundo, o que deve ter sido um paradoxo escandaloso para os gregos.

No entanto, voltando aos gregos, a chegada do homem à Lua talvez pudesse ser vista como uma última consequência daquilo que Denis de Rougemont chamou de "A aventura ocidental do homem".

É verdade.

Que passa pelas empresas que encontramos na Ilíada *ou na* Odisseia, *que passa, evidentemente, pela empresa de Cristóvão Colombo.*

Bem, existe o hábito de falar mal dos impérios, mas os impérios são um princípio de cosmópole, digamos.

De cosmopolitismo?

Sim, penso que, nesse sentido, os impérios fizeram bem. Por exemplo, divulgando certos idiomas; atualmente, acho que o futuro imediato será do espanhol e do inglês. Infelizmente, o francês está declinando, e o russo e o chinês são idiomas difíceis demais. Mas, enfim, tudo isso pode nos levar a essa desejada unidade, que evidentemente aboliria a possibilidade de guerras, que é outro dos perigos atuais.

Agora, dentro desse espírito ocidental, dentro dessa curiosidade ocidental, que permitiu os descobrimentos ao longo do

JORGE LUIS BORGES E OSVALDO FERRARI

tempo, e agora que o senhor falou dos impérios, devemos lembrar que Colombo fez seu descobrimento em nome da "cristandade", e que Colombo foi chamado de "Colomba Christi Ferens", *ou seja, pomba portadora de Cristo.*

Ah, que lindo, não sabia disso; claro, colomba, sim.

Sim, e Cristóvão alude a Cristo...

Sim, porque eu lembro, há uma gravura — não sei quem é o autor, e é famoso — em que São Cristóvão leva o menino Jesus atravessando um rio.

Então, o senhor diria que "a cristandade" que origina o descobrimento de Colombo pode ser vista como uma versão do império naquele momento?

Claro que sim, e atualmente, bem, o Islã agora assumiu uma forma política, mas, enfim, é a maneira como isso acontece, ou seja, que a longo prazo... a longo prazo, todas as coisas são boas.

Naquele momento, o descobrimento foi feito indo em direção ao desconhecido; por outro lado as empresas dos Estados Unidos e da União Soviética para sair da Terra, bem, talvez também conduzam para o desconhecido.

Evidentemente, e, em relação à Lua, bem, a Lua de Virgílio e a Lua de Shakespeare já eram ilustres antes do descobrimento, não?

Certamente.

Sim, e nos acompanharam tanto; existe algo tão íntimo na Lua... que curioso, há uma frase de Virgílio que fala de *"amica silentia lunae"*. Agora, ele se refere aos breves períodos de escuridão que permitem aos gregos descer do cavalo de madeira, e invadir Troia. Mas Wilde, que sem dúvida sabia o que eu disse, prefere falar dos "Amistosos silêncios da Lua", e eu, num verso meu, disse: "A amizade silenciosa da Lua (cito mal Virgílio) te acompanha".

De qualquer forma, mesmo neste caso, continuamos necessitando da presença do desconhecido.

Bem, penso que é muito necessária, mas nunca nos faltará, já que, supondo que exista o mundo exterior; eu acho que sim, que podemos conhecê-lo mediante as nossas intuições e os cinco sentidos corporais. Voltaire pensou que não era impossível imaginar cem sentidos; e somente com um a mais, já seria suficiente para modificar toda a nossa visão do mundo. Atualmente, a ciência já a mudou, porque o que para nós é um objeto sólido, para a ciência é, bem, um sistema de átomos, de nêutrons e elétrons; nós mesmos seríamos feitos desses sistemas atômicos e nucleares.

Justamente. No entanto, a façanha de chegar à Lua teria surpreendido e teria levado os homens de séculos anteriores a pensar no desconhecido.

E a teriam celebrado.

O próprio Wells, que pertence ao século anterior e ao nosso, pensou que era impossível, como o senhor lembrou.

Sim, mas Wells, diferentemente de Júlio Verne, se gabava de que suas imaginações eram impossíveis. Quer dizer, ele tinha certeza de que não haveria uma máquina que viajasse não só pelo espaço, mas pelo tempo, com maior velocidade do que nós. Ele tinha certeza de que era impossível um homem invisível e tinha certeza de que não seria possível chegar à Lua, ele se gabava disso. Mas agora parece que a realidade se encarregou de desmenti-lo, de dizer que o que ele considerava ser imaginário era simplesmente profético, era somente profético.

OS ESCRITORES RUSSOS | 63

OSVALDO FERRARI — *Apesar de, na variedade de assuntos abordados, sr. Borges, não termos defraudado, talvez, o ideal dos estoicos, e de termos nos comportado como cidadãos do mundo, no entanto, até agora não falamos sobre os escritores eslavos, não nos lembramos de Tolstói, por exemplo.*

JORGE LUIS BORGES — É verdade. Durante muito tempo, depois de ler *Crime e castigo*, eu pensei que o primeiro romancista era Dostoiévski. Depois, li *Os possessos*, que em russo se chama *Os demônios*, me parece; e depois, quis conhecer *Os irmãos Karamazov*. Então fracassei, e, apesar de continuar reverenciando Dostoiévski, ao mesmo tempo sentia que não tinha vontade de ver nenhum outro livro dele. Fiquei decepcionado com *A casa dos mortos*. Por outro lado, li e reli, bem, só um livro, não é? *Guerra e paz*, de Tolstói, e continuo achando admirável. Agora, me parece que esta é a opinião geral: que Tolstói é superior.

A Dostoiévski?

Sim, a Dostoiévski, não?

É bem provável.

Acho que, de qualquer forma, isso acontece com os russos. Agora, eu li aquele famoso escritor russo, de cujo nome não posso me lembrar, embora quisesse, o autor de *Lolita*...

Nabokov.

Sim, Nabokov disse que estava compilando uma antologia da prosa russa e que não pôde incluir nenhuma página de Dostoiévski. Mas isso, que parece uma censura, de fato não o é, já que não sei se convém que um romance inclua páginas antológicas. E lembro o que Momigliano disse sobre

D'Annunzio, que declarou que seu pecado mais imperdoável, sua maior culpa, digamos, ou seu maior defeito é o de ter escrito somente páginas antológicas. Sim, porque uma página é uma unidade, e um romance não se reduz a cada uma de suas páginas, e muito menos a cada uma de suas orações, frases; o romance deve ser lido como um todo e, de qualquer forma, ele é recordado como um todo. De modo que a declaração de Nabokov pode não ser uma censura a Dostoiévski; talvez um grande romancista possa prescindir de páginas antológicas.

Ou de que todas as suas páginas o sejam.
Ou de que algumas de suas páginas o sejam.

Claro.
Embora... bem, se falarmos de romances, é inevitável pensar no *Quixote*; no *Quixote*, a maioria das páginas não são antológicas: parecem escritas de qualquer forma, mas o último capítulo e o primeiro capítulo, certamente inesquecíveis, são antológicos, e excluí-los seria um simples capricho do antologista. Agora, bem, antes eu tinha uma concepção antológica da literatura; então, eu escrevia uma oração, digamos — normalmente eram longas, assim, um pouco... bem, queriam ser eloquentes, inesquecíveis — de quatro ou de cinco linhas. Depois as relia, ia corrigindo, mas, quando corrigia guiado por razões perversas, ficava ruim. E depois passava para a segunda frase, e depois para a terceira, e isso fazia com que o artigo inteiro ficasse ilegível, porque era feito de blocos isolados. Por outro lado, agora escrevo de um modo fluido, ou tento que seja fluido, e depois corrijo o que escrevi.

Naquele momento, o senhor talvez devesse escrever um poema e não prosa.
Acho que sim, porque, em um poema, se entende que cada verso tem que soar bem, embora talvez haja poemas admiráveis sem versos memoráveis, e poemas péssimos, bem,

compostos unicamente de versos memoráveis. Mas parece que estamos nos afastando do assunto, eu tenho esse hábito digressivo... depois, eu li, como todo mundo leu, os contos, esses contos de homens das estepes. Agora, eu acho o idioma russo lindíssimo, toda vez que escuto o russo, lamento o fato de não sabê-lo. E eu tentei estudar russo, lá por 1918, digamos, no final da Primeira Guerra, quando eu era comunista. Mas, claro, o comunismo daquela época significava a amizade de todos os homens, o esquecimento das fronteiras, e agora me parece que representa o novo czarismo.

Um novo czarismo?

Penso que sim; de qualquer forma, bem, fizeram dois filmes sobre Ivan, o Terrível, me parece, e, em um deles, era um personagem detestável e, no outro, era bastante ponderável. Mas é natural: este governo soviético tem se identificado com os governos anteriores, ou seja, se um governo é nacionalista, se identifica com a história do país. Mas, voltando a Dostoiévski, quando penso em Dostoiévski, penso, sobretudo, em *Crime e castigo*. E eu li, embora não saiba se é verdade, que o verdadeiro título seria *Culpa e expiação*, e que, então, o livro, assim como o conhecemos, seria a primeira parte: a história do assassinato, a matança da prestamista e da outra mulher. E depois toda a parte em que é perseguido pela polícia, esses diálogos inesquecíveis, certamente, entre o inspetor e o assassino. E depois, a outra parte; me parece que, na última frase, se diz que contar as experiências de Raskolnikov na Sibéria seria contar como uma alma se transforma. Ou seja, seria contar, digamos, o castigo, que não se encontra na primeira parte, ou a expiação, que viria a ser a mesma coisa. Há uma frase terrível de Hegel, ou que parece terrível, que diz que o castigo é o direito do criminoso. Isso parece uma frase cruel, mas não é; se o castigo redime, o criminoso tem direito a ser castigado, ou seja, a ser redimido. Essa frase foi julgada como cínica, mas talvez não o seja.

O castigo legal.

Sim, o senhor o que acha?

Bem...

À primeira vista, parece terrível: "O castigo é o direito do criminoso"; o criminoso tem direito à prisão. Bom, sim, mas se a prisão o melhora, por que não deveria ter direito a essa melhoria, como um doente a um hospital ou a uma operação?

Eu o colocaria em oposição ao caso do delinquente que é morto sem ter tido a possibilidade de ser castigado civilizadamente, legalmente; nesse caso, diria que sim...

Nesse caso sim, é um crime.

Claro, porque ele tem direito ao castigo legal, e não à morte prévia; tem direito a ser castigado civilizadamente.

Bem, eu preferiria a pena de morte, porque a prisão me parece terrível. Xul Solar me disse que não se importaria de ficar preso durante um ano, desde que estivesse sozinho. Mas ter que conviver com facínoras deve ser terrível, não?

(Ri) *Provavelmente.*

Por outro lado... penso que eu, de alguma forma, durante uma boa parte da minha vida estou em cativeiro solitário, não? (*ri*)

Todos nós estamos.

...Sim, mas talvez sempre estejamos sozinhos... não, mas eu sinto de um modo muito grato a companhia, desde que não seja excessiva, desde que não seja, bem, de uma penitenciária, ou de um *cocktail party*, ou talvez de uma reunião da Academia (*ambos riem*). Desde que não sejam muitos, gosto muito, sim, de estar com uma, com duas pessoas, é muito gratificante. Por outro lado, estar com vinte pessoas me parece terrível, não?

Certamente.

Esse é o inconveniente do céu... não, mas talvez a população do céu seja escassa, já que são muitos os chamados e poucos os escolhidos. E aqui me lembro daquela terrível frase de Kierkegaard, que diz que, se chegasse ao Juízo Final, e houvesse somente um condenado ao Inferno, e ele fosse esse condenado, ele cantaria *de profundis*, o louvor ao Senhor e à sua justiça, salvo se pensarmos que essa frase é um suborno a Deus (*ri*), que ele quis ficar bem com Deus, mas eu acho que não.

Uma forma de ganhar o céu.

Sim, mas eu acho que não, é melhor não pensar que é uma forma de suborno, ou que Deus aceita o suborno, não?

Queria comentar que talvez Nabokov acerte quando diz que, para ele, Dostoiévski é mais um dramaturgo que um romancista.

É verdade, lembramos as conversas.

Sim, e o tom, e os argumentos. E, além disso, o elemento trágico.

Sim, mas penso que o aspecto melodramático não deve ser condenado. Acho que Eliot disse que, a cada certo tempo, é necessário explorar as possibilidades do melodrama. Agora, sim, Dostoiévski é melodramático, e não há dúvida de que o romance russo exerceu uma grande influência no mundo todo. Agora, me parece ter lido que Dostoiévski era leitor de Dickens e que, segundo Foster, amigo e biógrafo de Dickens, houve um momento em que Dickens disse que não conseguia olhar para nenhum lugar, não podia pensar em nenhum argumento sem um *murder* (assassinato).

Bem, um pouco como Dostoiévski.

Sim, e isso se percebe porque acho que os assassinatos dos personagens, os assassinatos de Dickens, estão entre os melhores, não? Se vê que ele sentia profundamente isso; eu lembro... praticamente não existe romance de Dickens sem um assassinato, exceto *Pickwick Papers* (Os papéis de

OS ESCRITORES RUSSOS

Pickwick), e esses assassinatos são, bem, muito convincentes e muito diferentes entre si.

Talvez mais que em alguns romances policiais.

Sim, talvez mais ainda; bem, é que, no romance policial, o assassinato é um pretexto para a investigação. É possível fazer um bom romance policial sem um crime. Por exemplo, um dos melhores contos policiais: "A carta roubada", de Poe. Bem, ali, o importante é o fato de ter escondido a carta num lugar evidente, e que a carta fosse invisível por esse motivo, não?

Ali, o importante é o enigma, digamos.

O importante é o enigma, sim. Mas é claro que um bom pretexto para o enigma é o crime, já que há algo que deve ser investigado e descoberto.

Agora, voltando a Tolstói, em Tolstói vemos, por exemplo, assim como em Dostoiévski, fundamentalmente, o elemento religioso. Segundo Nabokov, no caso de Tolstói, o artista lutava com o pregador.

Sim, e, às vezes, ganhava o pregador.

Sim...

Se não estou errado, no caso de Tolstói, ele foi um asceta que renunciou aos bens materiais. Eu li um artigo sobre Tolstói e Dostoiévski que dizia que o estranho é que Dostoiévski conheceu a pobreza, e que, por outro lado, Tolstói a procurou para conhecê-la.

Exatamente.

Mas o estranho é que ali isso é usado como argumento contra Tolstói, porque me parece que o fato de renunciar a alguma coisa e de ser um asceta é mais interessante do que o fato de ser pobre, que não tem muito mérito.

Sem procurá-la. Mas Tolstói provavelmente quis se afastar da escrita; por isso ele levou isso muito mais longe, ele quis se aproximar dos homens afastando-se da escrita, o que, provavelmente, foi um erro, mas um erro muito pessoal dele.

E um erro louvável. Bem, eu, modestamente... claro, quando era jovem, queria ser Lugones, e depois percebi que Lugones era Lugones de um modo muito mais convincente que eu. E agora me resignei... a ser Borges, ou seja, a ser todos os escritores que li, e entre eles está, inevitavelmente, Lugones, não?

De modo que, em vez de ser uma multidão de seres humanos, é possível ser uma multidão de escritores.

Acho que esse é o caso de todo escritor. Por ora, herdamos a linguagem, a linguagem é uma tradição, a linguagem é um modo de sentir o mundo, e cada língua tem suas possibilidades e suas impossibilidades, e o que um autor é capaz de fazer dentro do idioma é muito pouco. Bem, o caso mais evidente seria Joyce, que procurou o estilo mais indecifrável, mais complexo do mundo, mas esse estilo pressupõe toda a literatura inglesa anterior.

70 | SPINOZA

Osvaldo Ferrari — *Dentro da filosofia, há uma figura, sr. Borges, à qual o senhor dedicou dois poemas, e que também costuma citar em seus ensaios: o controvertido, digamos, Baruch Spinoza.*

Jorge Luis Borges — Spinoza, sim, por coincidência, há pouco tive que falar sobre ele. Eu lhe disse que nos Estados Unidos vi um livro chamado *On God* (Sobre Deus), feito de textos de Spinoza, mas dos quais limaram todo esse aparato geométrico, tão incômodo, de definições, de axiomas, de corolários; tudo isso foi suprimido, e os textos foram combinados com as cartas de Spinoza endereçadas aos seus amigos, e originou um livro legível, um livro que não exige um aprendizado, que se lê com agrado... E nele não há uma só palavra, uma só frase que não seja de Spinoza, salvo que foram demolidos esses andaimes, tão incômodos para o leitor, dos axiomas, definições, corolários, tudo isso foi eliminado, e originou um livro de fácil, de agradável leitura, o que não acontece com a *Ética* de Spinoza, que remete continuamente a proposições, a axiomas ou a definições anteriores.

E que é construída quase geometricamente.

Bem, é o que o próprio Spinoza disse: *More geometrico*. Agora, ele tomou essa ideia de Descartes, que foi seu mestre. O ponto de partida foi Descartes. Claro, porque ele acreditava, e todo seu século acreditava, que a eficácia da geometria radicava nesse raciocínio, nesse aparato, e depois todo mundo percebeu que não é assim. O que acontece é que a razão aceita a geometria, mas não a aceita pelo fato de estar exposta dessa forma.

Claro, no entanto, há uma diferença com Descartes: me

JORGE LUIS BORGES E OSVALDO FERRARI

parece que Descartes é dualista ou múltiplo, enquanto Spinoza é monista, digamos. O senhor deve lembrar "Deus ou a Natureza".

Sim, *"Deus sive natura"*, claro, porque acho que o rigor de Descartes — fala-se tanto do rigor cartesiano — é um rigor, digamos, aparente ou fictício, porque se uma pessoa parte do rigor, e chega ao Vaticano, bem, me parece um pouco difícil. Digo partir do rigor e chegar exatamente aos dogmas católicos. E, todavia, Descartes faz isso, de modo que o faz com uma ficção do rigor. Esta conversa... eu a tive há muitos anos com Carlos Mastronardi, porque ele me falava do rigor cartesiano, e eu lhe disse que esse rigor era uma ficção, simplesmente aparente, não? Mas que esse rigor não existia, e isso se percebe no fato de, bom, de ele partir de um pensamento rigoroso e no final chegar a algo tão extraordinário como a fé católica. Parece impossível. De modo que esse rigor é falso. Por outro lado, no caso de Spinoza, provavelmente, se aceitarmos esses postulados, teríamos que chegar a essa conclusão. E essa conclusão, bem, parece mais aceitável, já que não exige de nós uma mitologia. E podemos aceitar, digamos, a equivalência de Deus e da natureza, e isso corresponde ao panteísmo, que é uma fé muito antiga, e que viria a ser, ao mesmo tempo, a base do *shinto* no Japão, por exemplo; ou aquela frase que lembramos de Virgílio: *"Omnia sunt plena Jovis"* (Todas as coisas estão cheias de Júpiter, todas as coisas estão cheias da divindade). Isso vem a ser o panteísmo. Curiosamente, a palavra "panteísmo" é uma palavra que Spinoza nunca ouviu, porque foi inventada na Inglaterra após a morte de Spinoza para explicar sua filosofia.

É interessante isso.

Sim, porque, bem, diziam que ele era ateu, e se falou sobre seu ateísmo. Então, alguém, para defendê-lo, disse: "não, não é ateísmo, não é a ideia da inexistência de Deus, mas a ideia de que tudo é divino". De modo que, após a morte de Spinoza, essa palavra foi cunhada, e ele nunca a ouviu, mas a teria reconhecido imediatamente. Sim, pensamos que são palavras que existiram sempre, mas cada palavra é uma invenção individual, é claro. E noutra oportunidade falamos de "otimismo", palavra inventada por Voltaire contra Leibniz; e "pessimismo", que surgiu como o reverso de otimismo, naturalmente. Ou seja, uma vez inventada a palavra "otimismo", tinha que aparecer a palavra "pessimismo", e uma vez inventada "ateísmo", tinha que surgir "panteísmo".

Exatamente.

Mas todas essas palavras foram ditas pela primeira vez em um dia, e em um dia não muito distante.

Sim, agora, penso que o senhor vê em Spinoza uma concepção ética, além de filosófica; por exemplo, a atitude de Spinoza frente à liberdade, a atitude de independência frente ao poder; o senhor deve lembrar que ele foi até excomungado da religião judaica.

Sim, porque foi... atualmente, os judeus o reivindicam, mas foi anatematizado pela sinagoga. Ele não quis aceitar o cristianismo, e agora é visto como judeu; evidentemente ele era judeu, mas foi recusado pela sinagoga. Claro, agora que é famoso, lhe retiraram a excomunhão, mas o anátema está aí, não? Que é terrível, porque aí se diz que ele é maldito, e que tem que ser maldito quando estiver de pé, quando estiver deitado, quando estiver saindo, quando estiver entrando; de dia, de noite, nos dois crepúsculos, sempre. Essa sentença que pronunciaram é terrível. De modo que ele ficou equidistante da igreja e da sinagoga, ficou só com essa fé...

No racionalismo, talvez.

Sim, no racionalismo, mas ele ficou sozinho. Bertrand Russell diz que a filosofia de Spinoza talvez não seja invariavelmente convincente, mas que não se pode negar que, de todos os filósofos, o que mais se faz querer é Spinoza.

Que curioso.

Ele diz isso em sua *História da filosofia ocidental*, que, seguramente, o filósofo que mais se faz querer é Spinoza, embora possamos preferir outros pensamentos filosóficos. Mas ele ficou como homem, ou seja, se eu digo Spinoza, bom, é algo não menos vívido que se digo, não sei, Robinson Crusoé, ou se digo Alexandre da Macedônia; ficou como um personagem, um personagem que é amável e amado, e amado por todos.

Sim, mas o racionalismo de Spinoza, por exemplo, diferentemente do seu, sr. Borges, não aceitava a possibilidade de que acontecessem milagres; para ele tudo obedecia a leis invariáveis.

Sim, ele entendia que tudo estava prefixado, e isso pode ser verdade. Mas é tão pouco o que sabemos que talvez o milagre não seja impossível.

Claro, mas ele não o entendia assim.

Sim, talvez seja um ato de soberba afirmarmos que tudo está prefixado... talvez restem resquícios de liberdade; de qualquer forma — comentamos mais de uma vez — o livre arbítrio é uma ilusão necessária, mas precisamos dela quando nos referimos a nosso passado, ou a esse outro passado que se chama "processo cósmico" — a história universal; podemos pensar que tudo já foi prefixado, mas, em relação ao que direi neste momento, exatamente, ao modo como colocarei a mão sobre a mesa, temos que pensar que isso é livre. Caso contrário, nos sentiríamos muito infelizes.

O senhor, sim, concorda com Spinoza quando ele diz preferir, sobretudo, o pensamento, a vida intelectual, ou a via intelectual, digamos.

Sim, e o amor intelectual, como ele diz. Bom, eu tento ser intelectual, mas não sei se chego a sê-lo, talvez muitas vezes falhe. E não sei se para ser escritor, bem... as duas coisas convêm, não? Convém a inteligência, mas a inteligência sem a emoção não pode fazer nada, e sem emoção prévia, não há nenhum motivo para executar uma obra estética. A emoção é necessária, as coisas não podem ser feitas com pura retórica, se é que a retórica pura existe, eu acho que não. Se não houver emoção prévia, a criação de uma obra de arte não se justifica.

Exatamente. No seu caso, eu observo um equilíbrio entre o racionalismo aristotélico e a intuição e emoção platônica.

Bem, quisera eu chegar a isso.

Isso me parece bastante próprio do senhor, porque, no caso de Spinoza, por exemplo, ele é exclusivamente racionalista e não aceita o mito, entre outras coisas.

Não, e eu tenho algum soneto sobre ele em que digo isso:

> Livre da metáfora e do mito
> lavra um árduo cristal: o infinito
> Mapa daquele que É todas Suas estrelas.[1]

Talvez o acerto esteja na palavra "mapa", que sugere algo vasto, não?

É verdade, mas, para os ouvintes e leitores compreenderem o significado completo de seu poema, gostaria de lê-lo.

Acho que não é necessário que o senhor o leia porque vou recordá-lo.

Ah, excelente.

O senhor deve lembrar que Spinoza polia lentes e, ao mesmo tempo, polia esse labirinto cristalino de sua filosofia, não?

Sim.

Então, neste poema, eu equiparo as duas coisas: essa tarefa dupla das mãos polindo as lentes, e da mente polindo o sistema filosófico. O soneto viria a ser assim:

[1] Libre de la metáfora y del mito/ labra un arduo cristal: el infinito/ Mapa de Aquel que Es todas Sus estrellas.

As translúcidas mãos do judeu | 75
lavram na penumbra os cristais
e a tarde que morre e frio e medo
(As tardes às tardes são iguais).

As mãos e o espaço de jacinto
que empalidece no confim do Ghetto
quase não existem para o homem quieto
que está sonhando um claro labirinto.

Não o preocupa a fama, esse reflexo
de sonhos no sonho de outro espelho,
nem o temeroso amor das donzelas.

Livre da metáfora e do mito
lavra um árduo cristal: o infinito
Mapa daquele que É todas Suas estrelas.[2]

Esse é o soneto. E depois escrevi outro, que não lembro, mas do qual conservo um verso: "Alguém constrói Deus na penumbra" ou "Um homem engendra Deus entre as sombras",[3] ou algo parecido.

É Spinoza.

É Spinoza, sim. "Um homem engendra Deus", um homem está criando a divindade mediante palavras humanas, em um livro que é a *Ética* de Spinoza.

Mas, ao escrever esse poema, o senhor demonstra ter estado muito compenetrado em Spinoza.

[2]Las translúcidas manos del judío/ labran en la penumbra los cristales/ y la tarde que muere es miedo y frío/ (Las tardes a las tardes son iguales.)// Las manos y el espacio de jacinto/ que palidece en el confín del Ghetto/ casi no existen para el hombre quieto/ que está soñando un claro laberinto.// No lo turba la fama, ese reflejo/ de sueños en el sueño de otro espejo,/ ni el temeroso amor de las doncellas.// Libre de la metáfora y del mito/ labra un arduo cristal: el infinito/ Mapa de Aquel que Es todas Sus estrellas.

[3]Alguien construye a Dios en la penumbra – Un hombre engendra a Dios entre las sombras.

Bom, eu pensei em escrever um livro sobre Spinoza, e depois percebi que não podia explicar o que eu mesmo não entendia bem. Mas esse livro se tornou um livro sobre Swedenborg, sim, penso escrevê-lo algum dia. E vou receber a visita de um secretário da Sociedade Swedenborgeana dos Estados Unidos. Ele virá e eu espero falar muito pouco e ouvir muito, já que conhece o assunto muito melhor que eu.

As últimas novidades sobre Swedenborg (ri).

(*Ri*) As últimas novidades, sim, daquele homem que morreu em Londres, e que conversava com os anjos todos os dias, sim; eu escrevi um soneto sobre ele também, mas não se preocupe, porque não me lembro dele.

NOVO DIÁLOGO SOBRE ALONSO QUIJANO

OSVALDO FERRARI − *Em um diálogo realizado numa universidade dos Estados Unidos, o senhor disse que sentia o grande personagem de Cervantes, Alonso Quijano, que com a imaginação se transforma em Dom Quixote, como seu melhor amigo.*

JORGE LUIS BORGES − Sim, e, curiosamente, esse personagem nos é apresentado no primeiro capítulo da obra, não?

Sim.

O senhor deve se lembrar daquilo de que falamos anteriormente, de que saímos da nossa vida cotidiana e entramos na vida de Alonso Quijano: "Num lugar de La Mancha, de cujo nome não quero lembrar-me, vivia, não há muito, um fidalgo, dos de lança em cabido, adarga antiga, rocim magro e galgo corredor". E dessa forma, em algumas linhas, entramos nesse mundo.

Entramos no sonho.

Sim. O que me chamou a atenção, sendo ainda um garoto, foi que se dizia que ele enlouqueceu, mas não se mostravam as etapas dessa loucura. Eu pensei que se poderia escrever um conto − embora esse conto fosse um pouco imprudente, não? − um conto em que se mostrariam as etapas da loucura, em que se mostraria como, para Alonso Quijano, o mundo cotidiano, esse lugar da empoeirada região de La Mancha, havia se tornado irreal, e como era mais real o mundo da *Matière de Bretagne*. Mas não importa, nós aceitamos isso, e já nesse capítulo entramos no mundo dele. E talvez... talvez o mais importante seja que um escritor nos apresente gente que se faz querer, e, provavelmente, isso não seja tão difícil, porque o leitor tem uma tendência a se identificar com o primeiro personagem que se menciona, quer dizer, se lemos *Crime e castigo*, por exemplo, desde o começo nos identificamos com Raskolnikov, já que é o primeiro personagem que conhecemos. E isso ajuda a nos tornarmos amigos dele, já que, ao ler isso, já somos ele, porque ler um livro é ser, sucessivamente, os diversos personagens do livro. Bem, no caso do romance, se é que o romance tem algum valor.

De alguma forma, é ser o autor.

Sim, de alguma forma, é ser o autor também, tudo isso: uma série de metamorfoses, de mudanças, que não são dolorosas, mas prazerosas. Agora, essa ideia de Unamuno de que Dom Quixote é um personagem exemplar, me parece equivocada, porque evidentemente não o é; na verdade, se trata de um senhor colérico e arbitrário. Mas, como sabemos que ele é inofensivo... (*ri*). Uma vez eu escrevi uma página sobre o que aconteceria se Dom Quixote matasse um homem. Mas essa inquietação minha era um absurdo, já que, desde o começo, se entende que não pode matar ninguém, que tem que ser um personagem simpático, e o escritor em nenhum momento o expõe a esse perigo. E depois pensei nas possíveis consequências desse ato impossível de Dom Quixote, pensei o que poderia acontecer, e não lembro que possibilidades sugeri. Mas o fato é que sentimos Alonso Quijano como um amigo.

É verdade.

No caso de Sancho não, eu o sinto mais como um impertinente. Desde criança tive consciência de que ele falava demais; imagino, mais naturalmente, que houvesse longos períodos em que cavalgassem juntos em silêncio. Mas, como o leitor esperava os saborosos diálogos, Cervantes não podia se permitir isso. Quando li *Martín Fierro*, pensei a mesma coisa, pensei que era muito estranho que Cruz contasse a Fierro toda a sua história; pensei que teria sido mais natural que a contasse aos poucos.

De modo que, para o senhor, o mais importante do livro de Cervantes...

É o personagem.

A criação do homem Alonso Quijano.

Sim, sobretudo Alonso Quijano, que se confunde com Dom Quixote, e o autor, deliberadamente, às vezes o confunde, mas nós sentimos, sobretudo na primeira parte, que ele não é Dom Quixote, que ele é Alonso Quijano. E, além disso, ele é recebido como um intruso por toda a Espanha. E, por outro lado, na segunda parte, isso não acontece: a Espanha inteira leu a primeira parte e o está esperando e fomentando sua loucura. E depois, no final, Sancho propõe que passem para o gênero pastoril, se lembra? E isso também é recusado por Alonso Quijano. Ele já está convencido de que é Alonso Quijano, e que não pode voltar a ser um cavaleiro andante, ou um pastor.

Sim, e o senhor deve lembrar, em "Um soldado de Urbina" e em "Sonha Alonso Quijano", em ambos os poemas...

Não me lembro do segundo poema, do primeiro sim, inclusive o sei de memória, porque às vezes me pedem um soneto, então eu vacilo entre "Everness", "Alusão a uma sombra de mil oitocentos e noventa e tantos", sobre o malandro Juan Muraña, de Palermo, e esse poema "Um soldado de Urbina", no qual não se menciona Cervantes, mas que o leitor entende tratar-se dele.

Nos dois poemas que mencionei, o senhor relacionou os sonhos épicos de Dom Quixote com a realidade épica que Cervantes viveu.

Sim, agora, o curioso é que nem Cervantes nem nenhum outro escritor da época tinham consciência do descobrimento da América.

Sim, apesar de serem contemporâneos.

São contemporâneos, e estavam mais interessados nas pequenas e desastrosas guerras de Flandes que no descobrimento de um continente, e parece que na Inglaterra aconteceu a mesma coisa: mandaram Cabot para a China porque não imaginaram que a América estivesse ali, fechando a passagem.

Agora, Cervantes pediu para vir à América.

Sim, e Groussac disse que poderiam ter lhe dado, por exemplo, algum cargo em Nueva Granada, mas que à negativa da concessão possa dever-se, talvez, a escrita do Quixote, ou seja, aquilo que Cervantes achou ruim foi um bem para ele e para a humanidade toda.

Então, dizíamos que, em sua própria vida, Cervantes conheceu o que o senhor chama de "sabor do épico".

Sim, ele gostava de falar da batalha de Lepanto, muitas vezes a menciona.

Sim, e como o senhor diz em seu poema:

*Para apagar ou mitigar a sanha
do real, procurava o sonhado.*[1]

E lhe deram um mágico passado
os ciclos de Rolando e de Bretanha.[2]

Sim, a *Matière de France* e a *Matière de Bretagne*, às quais devemos acrescentar a *Matière de Rome La grande*, que inclui as aventuras de Alexandre de Macedônia, que chega à muralha do paraíso, e que chega também ao fundo do mar. Enfim, tudo isso é a *Matière de Rome*.

Da Itália, chegavam a ele também Ariosto e muitos outros exemplos.

---

[1] Para borrar o mitigar la saña/ de lo real, buscaba lo soñado.
[2] Y le dieron un mágico pasado/ los ciclos de Rolando y de Bretaña.

Claro, e quando Cervantes fala do "donoso escrutínio", fala do "cristão poeta Ludovico Ariosto". E se poderia tentar um ensaio sobre Ariosto e Cervantes, ou seja, os dois sentiram, digamos, o sabor dessas três "matérias": da Bretanha, da França e de Roma. E, ao mesmo tempo, perceberam que tudo isso era um pouco ridículo, um pouco extravagante.

O sabor da cavalaria, digamos.

Sim, esse sabor, é claro; já no primeiro canto do *Orlando Furioso*, quando se fala de Carlos Magno, isso fica um pouco ridículo. Mas, ao mesmo tempo, isso era precioso para Ariosto, que percebia, bem, que isso era irreal, e talvez por esse motivo ele gostasse. E, em Cervantes, isso é mais marcado ainda.

Era precioso para o contraste com a realidade.

Sim, para o contraste, mas eu acho que, nesse aspecto, eles se pareciam, não?

Naturalmente.

Em sentir a cavalaria e, ao mesmo tempo, saber que tudo isso é irreal, ou pelo menos um pouco irrisório. No caso de Cervantes, completamente irrisório.

É por isso que o desenvolvimento de seu romance se manifesta no contraste entre a realidade e o sonho.

Sim, e o sonho é, sobretudo, esse sonho da *Matière de France* e de *Bretagne*, mais que de *Rome*, já que se fala pouco de Alexandre ou de César.

Me interessa particularmente essa identificação sua com o personagem, quase mais que com o autor, eu diria, com Alonso Quijano mais do que com Cervantes.

Mas penso que isso aconteceu com todo mundo, não?

Talvez, teríamos que ver.

Acho que Unamuno escreveu que, atualmente, Dom Quixote é mais real que Cervantes. Bem, é que o fato de imaginarmos Alonso Quijano diretamente, e Cervantes através das biografias, ou de notícias alheias...

Ou o conjecturamos...

Ou o conjecturamos, sim. Por outro lado, com Alonso Quijano e com o Dom Quixote no qual ele tenta se transformar, temos uma relação direta; a explicação é evidente, não pode haver outra.

Sim, mas o fato de que o sonho de Alonso Quijano fosse o sonho de uma biblioteca me parece ter afinidade com o senhor, ou seja, com sua predileção de sempre.

Ah, sim, certamente, acho que em algum soneto eu escrevi que, diferentemente de Alonso Quijano, eu não saí nunca da minha biblioteca, porque, embora tenha viajado pelo mundo todo, não sei se saí daqueles primeiros livros que li.

Sim, o senhor guarda fidelidade a essa biblioteca inicial permanentemente.

Sim, e, além disso, sendo míope, minhas primeiras lembranças não são, digamos, do bairro de Palermo, nem sequer dos rostos móveis dos meus pais, mas dos livros, das ilustrações, dos mapas, bem, das lombadas dos livros, por que não das encadernações? Ou seja, minhas primeiras lembranças são essas, são, na verdade, lembranças de livros mais do que de pessoas.

De modo que, como o senhor disse, aquela biblioteca de seu pai foi fundamental na sua vida.

Acho que sim, e penso que nunca saí dela, o que é uma sorte para mim, mas para meus leitores é uma desventura que isso tenha me levado a escrever outros livros. Mas nesta casa, eu tento ficar na biblioteca de meu pai, já que nesta casa não há livros meus.

Sim, mas, já que falamos de contrastes, a história do Quixote, curiosamente, se desenvolve no país onde o realismo tem o maior peso, na Espanha.

É verdade, e, além do mais, se gabam disso, porque se entende que o romance picaresco é isso, não é? Embora, de fato, trate-se de um romance bastante puritano; no romance picaresco se omite o sexual, por exemplo.

Sim, mas o próprio Cervantes incursionou nele.

O senhor se refere a "Rinconete y Cortadillo"?

Exatamente, e em outras das Novelas exemplares.

Claro, mas o romance picaresco deve ter sido uma revelação para a Europa, já que influiu tanto no romance inglês, no *Simplicissimus* de Grimmelshausen, na Alemanha, e depois no *Gil Blas* de Lesage.

84 | A CULTURA CELTA

OSVALDO FERRARI — *O senhor explica num texto que, assim como a genuína cultura germânica floresce finalmente na Islândia, a cultura celta se refugiou na Irlanda... O senhor diz que nos arquivos e bibliotecas da Irlanda estaria preservado o testemunho da cultura linguística e literária dos celtas.*

JORGE LUIS BORGES — Sim, porque, nos outros países, se perdeu. Agora, em Gales também, os *Mabinogion*[1] são de Gales, são histórias, algumas muito belas, que foram traduzidas por Lady Guest. Seu livro foi lido por Renan, que o usou contra os alemães na guerra franco-prussiana. E ali está esse belo conto, do qual sem dúvida já falamos, sobre dois jovens reis que, no cume, no alto cume de um monte, jogam xadrez, enquanto lá embaixo os exércitos combatem; embaixo estão as marés de homens que lutam; e depois chega um momento, e nesse momento, evidentemente final, um dos reis diz: "xeque-mate", e executa uma jogada. Então, chega um cavaleiro com a notícia de que o exército do outro rei fora derrotado. Dessa forma, percebemos que essa partida de xadrez é uma operação mágica, porque os exércitos estão dirigidos pelas jogadas, e quando um dos reis dá xeque-mate ao outro, o exército do outro é vencido. E eu usei uma ideia similar num poema sobre o xadrez. Ali eu imagino as peças, que pensam que têm livre arbítrio, mas não, são movidas pela mão do jogador; o jogador acredita ter livre arbítrio, mas, ao mesmo tempo, ele é dirigido por um deus, que, por motivos literários, é dirigido por outros deuses, e assim se forma, entre as peças de xadrez, uma série infinita, uma ca-

---

[1]Conjunto de narrativas galesas medievais.

deia de infinitos elos. Escrevi dois sonetos sobre esse tema, intitulados "Xadrez"; e, em ambos, o tema é o mesmo: o tema de que as peças pensam que são livres e não o são, e os jogadores pensam que são livres e não o são, e Deus pensa que é livre e não o é, e o outro deus pensa que é livre, mas não o é, e assim até o infinito. Mas, aproveitando que falamos da cultura da Irlanda, não sei se antes já mencionamos um tema muito curioso: bem, eu fui nomeado membro da Academia Argentina de Letras, e, ao falar, eu recorri a isso (já que se tratava de academias): lembrei que em nenhum lugar as academias literárias tinham sido tão importantes quanto na Irlanda, quando a Irlanda era um mundo de pequenos reinos. Então, o estudo da poesia incluía o estudo de todas as outras disciplinas, por exemplo, a genealogia, a astrologia, a botânica, a matemática, a ética; tudo isso era estudado pelos poetas. E havia diversas categorias e quem era reprovado em algum exame não tinha permissão para o uso da poesia. Mas, quando passavam do primeiro ano para o segundo, já podiam usar, bem, certos metros e certos temas, mas só isso. E no final, quando atingiam o grau de alto poeta, podiam usar todos os metros, todos os nomes das fabulosas genealogias, todas as figuras retóricas. E dessa forma criou-se uma poesia extraordinariamente complexa (isso era mantido pelo Estado). Mas, conforme a lenda, chegou um momento em que um dos reis — o rei da Irlanda, digamos — ordenou a dois poetas que já haviam completado seus doze anos de estudo; eram altos poetas da Irlanda... ordenou seu próprio louvor; os poetas recitaram seus poemas e, provavelmente, um poeta entendeu o poema do outro e vice-versa, mas só isso. Então o rei dissolveu o Colégio de Poetas e dessa forma acabou com as academias. Além disso, os poetas eram mais custosos que os reis, uma vez que tinham direito a mais escravos, a mais vacas, a mais dinheiro; e representavam, digamos, um sério gasto para o Estado (*riem ambos*).

A CULTURA CELTA

Também teriam direito a mais ócio.

A mais ócio... bem, quem sabe, se inventaram e, além disso, tinham que manejar um sistema muito complicado de poesia, que se parece com o sistema escandinavo, com o sistema anglo-saxão, em que aparecem certas metáforas: em algum momento já falamos de "o caminho do cisne" como o mar, do "encontro de espadas" como a batalha, etc. Se parecia com isso, mas era muito mais complexo. De modo que o poeta, ao cabo de doze anos, sabia de tudo. É claro que o que entendemos por "tudo" é sempre modesto se comparado com a soma de coisas possíveis, mas, enfim, sabia tudo o que se podia saber na Irlanda daquela época.

Sim, e me parece que o senhor menciona, junto com Renan, uma característica muito particular dessa antiga cultura celta, e é o fato de que, ao se converter ao cristianismo, ela conserva, contudo, a memória dos antigos mitos pagãos e das lendas arcaicas.

Bem, mas penso que isso também aconteceu em outros lugares; veja. Eu acabei de escrever justamente um poema sobre Góngora, e o tema é que Góngora, que sem dúvida era católico, usa, contudo, deuses latinos, que na verdade eram deuses gregos com nomes diferentes. Ou seja, ele não fala da guerra, mas de Marte, ou, como diriam os gregos, de Ares; ele não fala do mar, mas de Netuno, ou, como diriam os gregos, de Poseidom. De modo que essas mitologias continuaram alimentando a memória dos homens, além de suas crenças teológicas. Me parece que atualmente, na Irlanda, se impõe o estudo desses dois idiomas: o inglês e o erse, que vem a ser a forma celta, e que antes era mais ou menos ignorado, sobretudo pelos camponeses. Era um idioma que interessava aos eruditos, ou aos filólogos, que é o que pode acontecer com o guarani aqui, não?

Outro antecedente particular da cultura celta é que os pri-

JORGE LUIS BORGES E OSVALDO FERRARI

meiros homens de letras entre eles foram seus sacerdotes, os druidas.

Os druidas, sim. Acho que César escreve que havia druidas em todas as regiões celtas, por exemplo, na Bélgica, na França, na Espanha, mas que o Colégio dos druidas ficava na Inglaterra, que naquela época era um país celta, e que iam lá para aperfeiçoar seus estudos de... não sei, talvez de magia. Agora, César atribui aos celtas a crença na transmigração das almas, e ele vê nisso a influência de Pitágoras. Mas parece que não, parece que o que ele ouviu foi que os homens podem se converter em animais — o que vem a ser, bem, nossa ideia do *tigre capiango*,[2] do lobisomem — e que César confundiu com a ideia da transmigração, que é diferente. No caso da transmigração, a alma de um homem transmigra a outro corpo, ou seja, se um homem possui uma ferocidade peculiar, então é pertinente que transmigre ao corpo de um tigre, porque, no tigre, o fato de ser feroz não é um defeito, não? De modo que cada alma encontra sua morada adequada.

Em relação à poesia celta, o senhor nos diz que, apesar de sua complexidade, de seu rigor extremo, às vezes é prodigiosa.

Sim, eu lembro especialmente o que foi escrito em Gales. Há um poema recolhido por Robert Graves em seu livro *A deusa branca*, e o título por si só já é lindo: se chama "A batalha das árvores". Não sei exatamente a que se refere; acho que se conservou uma estrofe, e essa estrofe se refere à transmigração. Eu li isso numa citação de Arnold, e me lembro do seguinte fragmento, que reconstruo rapidamente:

Fui um peixe resplandecente
fui uma ponte que atravessa setenta rios
fui a espuma da água
fui uma palavra em um livro
fui um livro no princípio...

[2] Lenda guarani que conta a transformação de um homem em tigre.

É belíssimo.

Uma esplêndida enumeração, não? Vai passando de uma coisa para outra, e de uma forma assombrosa, não é? E lembro esse final:

> Fui uma palavra em um livro
> fui um livro no princípio.

É claro que ali tudo está feito com o jogo de "em", que é um pouco diferente: uma palavra "em um livro" refere-se ao espaço; por outro lado, um livro "no princípio" refere-se ao tempo. Mas não tem importância, fica muito bem. E depois ele diz:

> Fui uma espada na mão
> fui uma mão na batalha,

e continua com uma enumeração muito longa; tem uns vinte ou trinta termos, e todos são inesperados, e, ao mesmo, tempo, preparados pelo anterior.

E, continuando com a Irlanda, o senhor nos diz que na literatura se manifesta, especialmente, o tema da navegação, das navegações.

Bom, isso também acontece com a poesia germânica, e com a poesia portuguesa. Uma vez eu escrevi, ou simulei um livro sobre literatura portuguesa, e parece que há um gênero especial, que consiste em livros dos naufrágios e das navegações. São livros sobre navegações, é claro, mas infelizes, uma vez que se incluem os naufrágios.

Mas, na imaginação dos irlandeses, as navegações se orientavam sempre para o Oeste.

Sim, para a ilha de São Brandão, e depois se fala de outras ilhas fantásticas; há uma em que se diz que "Lebréus de prata fustigam cervos de ouro", me lembro. Também há outra que está cercada por um fogo eterno, e outras com seres fantásticos, sobretudo essa ilha de São Brandão que depois

foi vinculada com o descobrimento da América, não? Mas a
imaginação irlandesa tinha povoado o Atlântico Norte com
um arquipélago de ilhas imaginárias e prodigiosas.

*Sim, além de uma maneira de imaginar a natureza, há
neles um amor especial pela natureza e pela paisagem.*

Sim, um sentimento de beleza das árvores, por exemplo.
Acho que a palavra "druida" foi vinculada com as "hama-
dríades", ou seja, existiria a ideia de que o druida estivesse
unido à árvore.

*Esse amor pela natureza é próprio da Inglaterra, além da
Irlanda...*

Sim, a paisagem era quase desconhecida na literatura
antes do movimento romântico em outros países da Europa.
Quase não há paisagem. Acho que na pintura também não.
Agora, segundo Ruskin, o primeiro pintor que realmente vê
as rochas, as nuvens, as montanhas, o mar, foi Turner, porque, normalmente, a paisagem se usava como fundo; esse
fundo era convencional, o importante era o personagem.
Por outro lado, na pintura japonesa não é assim, me parece
que na pintura japonesa, sempre — se a palavra "sempre"
for lícita — se pensou na paisagem, ou se sentiu a paisagem,
que é algo que muita gente não sente, por exemplo, você lê o
Quixote e a não ser por algum verde prado, evidentemente
tomado da literatura italiana, das convenções da literatura
italiana, não há paisagens. É por isso que as ilustrações de
Doré são tão lindas mas não têm nada a ver com o texto,
porque você vê o fidalgo e o escudeiro, bom, e estão rodea-
dos de vastas paisagens, e essas paisagens não aparecem no
livro. Ao ler, há muitos anos, a primeira página de *La gloria
de Don Ramiro*, de Rodríguez Larreta, eu me perguntei se
essa primeira página não seria falsa, porque me parece que
nela, ou pelo menos nas primeiras, se fala da paisagem de
Toledo. Agora, não sei se no século XVI ou no século XVII, os
toledanos viam essa paisagem, eu acho que não; acho que

essa paisagem era invisível, como normalmente é a paisagem na poesia popular: o que interessa são as pessoas e suas paixões.

QUEVEDO

91

OSVALDO FERRARI — *Há um clássico de sua predileção, sr. Borges, de quem até agora não falamos; aquele espanhol de quem o senhor disse que não foi sentimental nem patético, e de quem nos lembramos não tanto pela criação de um tipo literário, mas pela qualidade de sua escrita.*

JORGE LUIS BORGES — Cansinos Assens?

Não, não, me referia a Quevedo.

Quevedo.

Sim, pelo que me lembro, o maior estilista espanhol, segundo Lugones.

Bem, eu venho me distanciando de Quevedo, da mesma forma que venho me distanciando de Lugones. Vejo que sempre em Quevedo e em Lugones se percebe o esforço; parece que nunca fluem. Estive compilando uma antologia de sonetos, e não encontrei nenhum soneto, bem, não encontrei sonetos de Quevedo ou de Lugones sem alguma feiura, sem alguma linha em que o autor não peque por vaidade, porque o barroco é condenável por razões éticas, eu acho, o barroco é condenável porque corresponde à vaidade. Agora, no caso de Quevedo... todavia, há um soneto:

> Retirado na paz destes desertos
> com poucos, mas doutos, livros juntos
> vivo em conversação com os defuntos
> e escuto com meus olhos os mortos.[1]

Isso é lindo, mas não sei se esse quarto verso pode ser admitido.

[1] Retirado en la paz de estos desiertos/ con pocos, pero doctos, libros juntos/ vivo en conversación con los difuntos/ y escucho con mis ojos a los muertos.

O senhor o achou muito conceptista.

Sim, me parece que isso se fez para salvar um pouco a ideia... bem, se diz "falar pelos cotovelos", e aqui temos a ideia de escutar com os olhos. Mas, todavia, é verdade, porque quando lemos um texto — temos tendência a lê-lo em voz alta —, estamos escutando com os olhos, embora, talvez, essa contraposição de escutar e de olhos seja um pouco violenta, não? Depois continua:

> Se não sempre entendidos, sempre abertos,
> ou emendam ou secundam meus assuntos,
> e em músicos calados contrapontos
> ao sonho da vida falam despertos.[2]

Este é belíssimo, e é verdade. No final, ele diz:

> Em fuga irrevogável foge a hora;
> mas aquela o melhor cálculo conta,
> que na lição e estudo nos melhora.[3]

É um final tranquilo que não se parece com Quevedo, não? O fato de a última linha ser tão serena.

Sim, agora, anteriormente, o senhor considerou Quevedo como um literato para literatos, provavelmente porque pensava que era adequado à sensibilidade dos escritores.

Não, é porque, além disso, ele escreve um pouco em função do ofício de escrever, não é? Mas não sei se isso é um mérito. A mesma coisa se disse sobre Spenser, que era "*The poet's poet*" (O poeta dos poetas), isso se disse de Edmund Spenser. Depois se falou do escritor dos escritores; se trata, bem, de que existe um prazer que atribuem à sensibilidade,

---

[2]Si no siempre entendidos, siempre abiertos,/ o enmiendan o secundan mis asuntos,/ y en músicos callados contrapuntos/ al sueño de la vida hablan despiertos.

[3]En fuga irrevocable huye la hora;/ pero aquella el mejor cálculo cuenta,/ que en la lección y estudio nos mejora.

à emoção, ao que for. Mas, no caso de Quevedo, sentimos que esse prazer é especificamente literário, ou seja, se sente, sobretudo, o valor que ele dava às palavras. Agora, não sei se isso é uma virtude; talvez o que convenha seja que o leitor se esqueça das palavras; em Quevedo e em Lugones, que se parecem tanto, lembramos sempre das palavras.

Por isso o senhor afirmou que a grandeza de Quevedo era verbal.

Sim... eu disse isso? Bom, sim, sem dúvida.

Quanto à defesa que Quevedo faz do raciocínio lógico, digamos, contra a superstição; a refutação de mitos, como naqueles versos de Empédocles...

Não me lembro, como são?

São aqueles em que dizia que havia sido um peixe, que havia sido...

Ah, sim, espere... "Fui um peixe que surge do mar", me parece que dizia Empédocles, sim; mas é claro que a refutação de Quevedo é uma espécie de brincadeira, não?

Bem, através disso, refuta justamente a teoria da transmigração das almas, que ele considerava como pura superstição, e que atacava a partir da lógica.

Sim, mas não sei se o mito pode ser refutado a partir da lógica.

Ah, claro.

E, além disso, a ideia de ter vivido em muitas formas pode ser certa, ou seja, embora não tenhamos vivido em muitas formas, podemos sentir que vivemos em muitas formas sem sairmos da própria vida, já que, se eu penso na minha vida passada, bom, há anos e datas e fatos que ficam tão distantes que poderiam ter sido vividos em outras formas, e não na forma humana.

Dentro da própria vida?

Dentro da própria vida, acho que sim... mas penso... digamos, na Índia, por exemplo, todo mundo aceita a ideia da reencarnação, mas a aceita porque essa ideia não contradiz a experiência. Se nos lembramos de algo que fizemos há muito tempo, bem, nos lembramos de algo feito por outra pessoa, e aceitamos isso. A imaginação parece ser hospitaleira com esse mito, que talvez seja certo ou não, o da reencarnação.

Ali Platão se encontraria com a Índia.
Sim, acho que sim.

Porque se existe uma lembrança, então fomos esse outro ou essa coisa antes.

Sim, porque, enfim, para a sensibilidade, talvez seja mais fácil aceitar a ideia de que vivemos em outro corpo, em outra forma, do que num corpo e numa forma humanos, do que a ideia de aceitar os arquétipos: o arquétipo parece inconcebível, e a razão parece recusá-lo de alguma maneira. Por outro lado, a ideia de ter sido "Um mudo peixe que surge do mar", como disse Empédocles de Agrigento, é uma ideia que facilmente aceitamos, pelo menos como conjectura (*ri*), ou como possibilidade.

(Ri) *A conjectura é sempre possível, mas, voltando a Quevedo, no Marco Bruto, por exemplo, o senhor diz que, através de Quevedo, se produz o encontro do espanhol com o latim da idade de prata. Gostaria que falasse sobre essa "idade de prata" que associa com Sêneca, com Tácito e com Lucano.*

Sim, em meu poema "Outro poema dos dons", eu falo de Lucano e de Sêneca, que escreveram, antes do idioma espanhol, toda a literatura espanhola, e me refiro justamente a isso, a essa "latinidade de prata", que é o que Quevedo imita depois. E, bem, Quevedo traduziu algumas das epístolas de Sêneca; eu li duas das epístolas a Lucílio na obra de Quevedo, traduzidas por ele. Traduzidas admiravelmente, é claro, já que era o modelo que se havia proposto a seguir, pelo menos no *Marco Bruto*.

Agora, em relação à poesia de Quevedo, ao soneto, apesar

de o senhor dizer que encontra ocasionais feiuras, me parece | **95**
que também encontra a excelência.

Sim, mas é difícil encontrar um soneto de Quevedo ou de Lugones que não tenha alguma feiura, e alguma feiura não, digamos, distraída, mas procurada e, infelizmente, encontrada. Parece que o que para nós é feiura para eles foi beleza. Mas, é tão difícil julgar essas coisas, por exemplo, eu me lembro daqueles versos de Góngora que dizem:

Oh, grande rio, grande rei de Andaluzia
de areias nobres, já que não douradas.[4]

Bom, para a lógica, ou para mim, a ideia... essa admissão de que as areias não são douradas, me parece que não é de muita eficiência, mas provavelmente Góngora gostava dessa ideia, essa ideia de afirmar e de negar, não? Porque, se não, por que teria colocado isso. Ou foi simplesmente porque a rima o obrigava a isso? Não, penso que não, penso que ele gostava da ideia de "areias nobres, já que não douradas". Essa oposição, de alguma forma, o agradava. Então, ele não pode ser julgado, já que é algo tão pessoal que não sabemos se temos que censurá-lo ou louvá-lo.

Bom, isso pode ser como o que o senhor diz sobre as melhores obras de Quevedo, em relação a que, mais do que as ideias que as informaram, ou do que os conceitos, elas existem literariamente; a existência literária de um texto seria independente do outro aspecto em determinados casos, não?

Bom, poderíamos pensar que um poema não corresponde a uma emoção, ou ao tema do poema, mas que é mais um objeto que se acrescenta ao mundo: um objeto verbal. E justamente eu tenho um poema sobre isso, chamado "O outro tigre", não sei se o senhor se lembra dele, no qual eu me proponho a descrever um tigre. Depois de tê-lo feito, percebo que esse tigre não é um tigre, mas simplesmente

[4]Oh, gran río, gran rey de Andalucía/ de arenas nobles, ya que no doradas.

um objeto verbal, uma construção, um edifício de palavras, e então falo do outro tigre. Mas, à medida que estou falando dele, o outro tigre se torna tão artificial quanto o primeiro, e dessa forma, no final, fico sozinho na tarde, na grande tarde da Biblioteca Nacional, procurando o outro tigre, o que não está no verso. Penso que esse poema talvez seja um dos melhores que escrevi, e aí se insinua uma cadeia de infinitos elos, e cada um dos elos é um tigre, e cada um desses tigres é puramente verbal, e nenhum é o tigre que procuro.

Isso me faz lembrar de outro poema seu, "A pantera", mas o outro aspecto de Quevedo sobre o qual me interessava consultá-lo é o ceticismo dele em relação à mulher. Não sei se o senhor se lembra desse aspecto.

Sim...

Ele fala com prevenção.

Bom, eu não posso concordar com Quevedo sobre isso... para mim, há algo tão grato numa mulher, em qualquer mulher, algo que evidentemente não pode ser definido, mas existe um agrado no simples fato de estar com uma mulher. Não tem nada a ver com o amor, nem com a sensualidade; é o fato, bem, de algo que é levemente diferente, mas não muito diferente, suficientemente diferente para ser percebido, e, ao mesmo tempo, suficientemente próximo para que essa diferença não nos separe. Agora, eu penso que isso acontece em todo relacionamento de amizade, mas eu diria que há algo na amizade de uma mulher, ou simplesmente na presença de uma mulher, que não existe na presença de um homem.

Além disso, o senhor diz que as mulheres pensam por intuições, diferentemente dos homens, que, na verdade, pensam dialeticamente, e então esse pensamento da mulher é complementar ao do homem, porque contribui com a intuição.

Bem, atualmente estou chegando à conclusão de que ninguém pensa, nem de uma forma nem de outra (*ambos riem*), mas, enfim, isso já corresponderia a uma forma de ceticismo... Agora, claro, se a mulher pensa por meio da intuição, isso significa que se trata de um único passo; dessa forma, o acerto fica mais provável. Por outro lado, se temos o pensamento lógico, ele é como uma cadeia com vários elos, e em cada um deles, pode espreitar o erro.

É verdade.

É mais fácil haver erros num longo processo do que num só ato de sensibilidade, como seria a intuição. Pelo contrário, num processo lógico sim, é muito fácil que apareçam erros.

Sim, e o senhor deve lembrar que no Oriente, por exemplo, no budismo zen, a intuição é considerada como a mais alta expressão da inteligência.

Claro, porque é um ato direto, porque é um único ato; por outro lado, o outro é uma operação, e as operações são sempre falíveis.

O MÍSTICO SWEDENBORG

OSVALDO FERRARI — *Há um místico, que também é teósofo, sr. Borges, que o senhor parece conhecer muito bem, já que também o cita com frequência. Esse visionário é o mesmo que foi escolhido por Emerson como arquétipo do místico.*

JORGE LUIS BORGES — Swedenborg, sim... Bom, poderíamos resumir sua doutrina. Segundo Jesus Cristo, a salvação do homem é ética, e tem aquelas frases demagógicas como "Os últimos serão os primeiros" e "Dos humildes de espírito será o reino dos céus" e "Deixai que as crianças venham até mim"... Por outro lado, no século XVIII, temos o grande místico sueco Swedenborg, e a doutrina dele é diferente. Ele baseia toda essa doutrina em longos diálogos pessoais com os anjos, em Londres. Esses diálogos, bem, duraram muitos anos. Ele era um distinto homem de ciências, tinha inclinação para a mineralogia, anatomia e também astronomia. E depois ele deixou tudo isso, a partir da primeira visão que ele teve de Cristo em Londres. Daí em diante, se dedicou a visitar as diversas regiões do céu e do inferno — que talvez seja o nome de seu livro mais popular: *De coelo et inferno.* Mas há outros também; há um sobre o Juízo Final (que, segundo ele, já aconteceu). Agora, esses dois livros foram escritos — como já disse em algum soneto — num árido latim. Swedenborg não é, evidentemente, um poeta, mas foram escritos com a exatidão de um viajante: é como se ele descrevesse regiões asiáticas ou africanas...

Como se em lugar de visões, fossem paisagens concretas.

Sim, porque, além do mais, essas visões são minuciosas. Mas isso poderia ser tema de outro diálogo; talvez o mais importante seja o fato de ele acreditar que a salvação do homem deve ser não somente ética, mas intelectual. E há uma espécie de parábola dele que se refere a um asceta. Esse asceta busca a salvação, renuncia a tudo, vive no deserto, morre e, efetivamente, chega ao céu. Mas, quando chega ao céu, está perdido, porque, segundo Swedenborg, tudo o que existe na Terra, digamos, tudo o que se refere a formas e a cores, tudo isso existe no céu, mas de um modo muito mais intenso e muito mais complexo. Além disso, pode haver certa percepção da quarta dimensão, já que se diz que os anjos podem estar conversando entre eles, mas que sempre estão frente a Deus. É muito estranho, não?

Sim, é muito estranho.

Bom, e depois, esse pobre homem (o asceta que mencionei) chega ao céu; a conversação dos anjos é uma conversação intelectual, de caráter teológico, naturalmente, mas muito complicada. E esse pobre homem não pode acompanhar o diálogo dos anjos. Então, eles pensam no que fazer com ele. Mandá-lo para o inferno seria obviamente absurdo, já que no inferno se sentiria muito infeliz, porque também não pode conviver com os demônios... Ah, gostaria de acrescentar que, segundo Swedenborg, ninguém é julgado e enviado ao céu ou ao inferno, mas, ao longo da vida, vamos nos preparando para um desses destinos póstumos.

Com cada ato.

Sim, e quando a pessoa morre, fica durante um tempo numa região intermediária, e depois desconhecidos se aproximam dela, e se ela sente simpatia por alguns, então vai com eles, se sente simpatia por outros, os deixa. Mas esses visitantes podem ser anjos ou demônios. E as pessoas que se prepararam para o céu, simpatizam com os anjos e acham horríveis os demônios. Por outro lado, os que prostituíram sua vida, os que se mancharam de pecado, estes se sentem mais à vontade com os demônios e encontram uma relativa felicidade no inferno. Volto para o caso do asceta; o asceta renunciou em sua vida a todos os prazeres, a todos os apetites, e o céu não é um lugar assim, de penitência; pelo contrário, é a vida da terra, mas muito mais plena, e os diálogos são intelectuais. E o pobre homem não consegue acompanhá-los. Mandá-lo para o inferno seria evidentemente injusto e, no final, a solução encontrada é a seguinte: o asceta projeta, ao seu redor, uma espécie de tebaida, de deserto ilusório. E o deixam ali, sozinho.

Em um ermo.

Em um ermo, ou seja, repete a vida que teve na terra, mas a repete de uma forma diferente, já que na terra vivia com a esperança do céu. Por outro lado, agora ele está nesse ermo ilusório, sem nenhuma esperança, já que isso não pode ser modificado. Isso é terrível.

É terrível, ou seja...

Agora, Swedenborg insiste no fato de que ninguém é condenado ao inferno ou elevado ao paraíso, de que cada um escolhe seu destino. E há outra parábola — não sei se para Swedenborg são parábolas ou fatos reais — que é a seguinte: trata-se de um réprobo que, de alguma forma, chega ao céu. Ele está no céu, e há uma luz magnífica, mas ele sente essa luz como uma queimadura. Há fragrâncias celestiais e ele as sente como fétidas, ou seja, ele já está constituído para o inferno, se sente infeliz no céu. Para Swedenborg, a salvação não é só de ordem ética, mas também intelectual.

Apreciava a inteligência e a promovia.

Sim, a promovia, e seus livros são livros de um homem muito inteligente, mas que estão escritos sem muito atrativo, sem outro atrativo que não seja o tema. Descreve as diversas regiões do céu, as diversas regiões do inferno... Agora, ele percorreu o inferno, vê o inferno como uma série de pântanos, casebres, ruínas de aldeias incendiadas e também tavernas e lupanares. E há ruídos que lhe parecem horríveis, mas que são música celestial para os réprobos. E quanto ao demônio — acho que algum teólogo luterano concorda com ele —, o demônio é, na verdade, um título: é o chefe. Mas como eles vivem num mundo assim, de inveja e de rivalidade — o mundo dos políticos, digamos —, nenhum deles perdura, porque os outros estão conspirando a favor de outro, que o segue, e contra o qual, ao mesmo tempo, conspiram. De modo que o fato de ser o demônio não se aplica a um "eu", mas a diversos indivíduos, que se detestam mutuamente. E levam uma vida terrível, mas, para eles, essa vida é preferível ao insuportável paraíso.

Compreendo, agora...

E ele descreve tudo isso com muitos detalhes: o inferno, como disse, com pântanos, lupanares, tavernas e, sobretudo, conspirações contínuas. Essas conspirações são de personagens que também traem uns aos outros, já que são de índole demoníaca. E, todavia, ambos são regidos pelo Senhor: o céu e o inferno. E o universo é feito de uma espécie de equilíbrio entre essas duas regiões: essa região de sombra e de crimes e pecados, e a outra, o sereno céu conservador, filosófico. Bem, tudo isso é matéria de vários livros; eu tenho várias biografias de Swedenborg... Ele foi para a Inglaterra porque queria conhecer Newton, mas nunca chegou a conhecê-lo, e depois, ele recebeu, bem, a primeira visita de Jesus Cristo em Londres. E os empregados que ele tinha o ouviam; ele caminhava, ouviam seus passos, não? O forro do teto: estava caminhando lá em cima e conversando com os anjos. Também conversando com os anjos nas ruas de Londres; eu escrevi um soneto sobre isso.

Sim, que eu gostaria de ler.

Bom, também teríamos que falar sobre Blake, porque Blake acrescenta à salvação, digamos, ética, e à salvação intelectual, a terceira salvação — necessária a todo homem, segundo ele —, que seria a salvação pela estética. De modo que

O MÍSTICO SWEDENBORG

Blake seria um discípulo rebelde de Swedenborg, já que ele fala mal de Swedenborg, mas ele mesmo é inconcebível sem Swedenborg. Agora, Blake era um grande poeta, coisa que Swedenborg não era, e nem teria desejado ser. De modo que temos essa vasta obra de Swedenborg, escrita toda em latim, salvo algum relatório sobre mineralogia, redigido em sueco, e esses anos de vida... não sei se solitária em Londres, já que, se estava conversando com anjos, não se encontrava tão sozinho.

Mas eu vi na sua biblioteca muitos volumes de Swedenborg, e creio que correspondem a distintas épocas da vida dele.

Sim, me parece que eu li o primeiro em Buenos Aires, e depois descobri que na Everyman's Library há quatro volumes, entre eles um tratado sobre o Juízo Final. Além disso, eu escrevi um prólogo para uma edição de Swedenborg que foi publicada aqui e que figura nesse livro meu chamado *Prólogos*. Agora, se o senhor quiser ler esse soneto...

Sim, vou ler, mas antes queria perguntar... no seu caso — o senhor se reconhece habitualmente como agnóstico —, pela origem desta fé, desta confiança num místico como Swedenborg.

Não, não, não, eu não sei se é verdade. Eu sei que ele era um homem sincero, e que era um homem, bom, um famoso matemático, astrônomo, minerologista, que viajou por toda a Europa.

Um homem múltiplo.

Sim, e deixou todas essas disciplinas científicas porque pensava que havia sido designado para propagar essa fé. Agora, parece que, na conversa, ele nunca insistia nisso; fazia isso em seus escritos; na conversa, não tratava desses assuntos. Ele levava uma vida sóbria, na verdade; salvo quando chegava a Londres algum compatriota dele. Então, os dois podiam festejar essa visita, e imagino que nas tavernas, ou talvez com mulheres, não sei, insinuaram isso. E, atualmente, há muitos discípulos de Swedenborg, sobretudo nos Estados Unidos. De Quincey comenta que conversou com um senhor inglês de Manchester que era swedenborgueano, e o pai de Henry e de William James também era discípulo de Swedenborg.

Trata-se, então, de seguidores da doutrina da Nova Jerusalém, de Swedenborg.

Sim, claro, e há uma igreja muito bonita — porque sempre se pensa nas igrejas como lugares escuros —, e esta é como uma espécie de hibernáculo, como de cristal, ou seja, é uma igreja de claridade, o que condiz com a doutrina de Swedenborg.

Leio seu poema a Emanuel Swedenborg:

> *Mais alto que os outros, caminhava*
> *Àquele homem distante entre os homens;*
> *Mal chamava por seus nomes*
> *Secretos aos anjos.*
>
> *Via o que não veem os olhos terrestres:*
> *A ardente geometria, o cristalino*
> *Labirinto de Deus, e o redemoinho*
> *Sórdido dos gozos infernais.*
>
> *Sabia que a glória e o Averno*
> *Em tua alma estão e suas mitologias;*
> *Sabia, como o grego, que os dias*
>
> *Do tempo são espelhos do Eterno.*
> *Em árido latim foi registrando*
> *Últimas coisas sem porquê nem quando.[1]*

Bem, eu versifiquei o que acabo de lhe dizer.

---

[1] Más alto que los otros, caminaba/ Aquel hombre lejano entre los hombres;/ Apenas si llamaba por sus nombres/ Secretos a los ángeles. Miraba// Lo que no ven los ojos terrenales:/ La ardiente geometría, el cristalino/ Laberinto de Dios, y el remolino/ Sórdido de los goces infernales.// Sabía que la gloria

y el Averno/ En tu alma están y sus mitologías;/ Sabía, como el griego, que los días// Del tiempo son espejos del Eterno./ En árido latín fue registrando/ últimas cosas sin porqué ni cuándo.

A PINTURA

OSVALDO FERRARI — *Recentemente, o senhor me disse que, segundo Ruskin, o primeiro pintor que realmente viu a natureza em sua época foi Turner.*

JORGE LUIS BORGES — Sim, e, além disso, Ruskin escreveu um livro intitulado enganosamente, ou sofisticamente, *Pintores modernos*, que está erigido, digamos, *ad majorem gloriam* de Turner.

Especificamente.

Sim, e o tema dele é que a natureza — claro que se refere ao Ocidente, não é? — tinha sido usada como fundo: os pintores pintavam, sobretudo, o rosto; às vezes, os discípulos pintavam as mãos e a paisagem era como adicional. Agora, segundo Ruskin — mas eu não posso julgar esse julgamento —, Turner foi o primeiro que realmente viu as nuvens, viu os rochedos, viu as árvores, viu a neblina e certos efeitos de luz. E tudo isso, segundo Ruskin, foi uma descoberta pessoal de Turner. Ele examinava com muito cuidado os quadros dele, com uma lupa — Xul Solar, que também o admirava, me disse isso. E Chesterton disse que o protagonista da pintura de Turner é *The english weather* (O tempo ou clima inglês), mas não falando do tempo sucessivo, cronológico, mas, bem, de diversos modos ou hábitos do tempo, sobretudo os crepúsculos, as neblinas, as luzes. Tudo isso mais do que a forma. Eu sei — minha opinião não vale nada, mas repito o que me disse Xul Solar — que Turner fracassa com a figura humana e que, por outro lado, é um grande espectador de paisagens. E eu lembro que, num dos volumes desse livro de Ruskin, há uma foto de uma ponte, uma ponte determinada, e depois essa mesma ponte desenhada com muito cuidado e muito belamente pelo próprio Ruskin. E ali, se não me engano, parece que Turner eliminou dois arcos, simplificou tudo, ou enriqueceu outras coisas, e tudo isso é aprovado por Ruskin, e explica que Turner tinha razão esteticamente, mesmo dando uma imagem falsa da ponte.

São famosos os céus de Turner.

Os céus, sim, os crepúsculos.

Oscar Wilde dizia que eram céus musicais.

Sim, mas também lembro outra história de Wilde, que disse que a natureza imita a arte.

Ah, sim.

E que às vezes não a imita muito bem. Comenta-se que estava na casa de uma senhora, e a senhora o levou a uma sacada para que visse o pôr do sol; então ele saiu com os outros, e o que era? Segundo ele, um Turner da pior época (*ri*).

Esse pôr do sol ao ar livre?

Sim, imitado pela natureza, não é? Ou seja, a natureza não é sempre uma boa discípula.

Justamente na época em que se debatia...

Sim, porque sempre existiu a ideia de que a arte imita a natureza, e Wilde disse o contrário, a natureza imita a arte... Isso poderia ser certo no sentido de que a arte pode nos ensinar a ver de um modo distinto.

Certamente.

Quer dizer, se vimos muitos quadros, isso influencia sem dúvida a nossa maneira de ver a natureza.

Se torna um melhor espectador.

Sim, e aproveitando que falamos da natureza, eu escrevi um prólogo para a obra do visionário gravador e poeta William Blake, e ele, que era o menos contemporâneo dos homens, bem, numa época de mitologia neoclássica, ele inventou sua própria mitologia, com divindades que têm nomes que nem sempre soam bem, como por exemplo, Golgonusa ou Iuraisen. E ali ele diz que, para ele, o espetáculo da natureza de alguma forma sempre o diminuiu. E chamava a natureza – tão reverenciada por Wordsworth – "O universo vegetal", e depois diz outra coisa, mas não sei se a favor ou contra a natureza, diz que para muitos a saída do sol é só a saída de um disco, parecido com uma libra esterlina, que sobe luminosamente. "Mas para mim não", acrescenta; "Quando vejo a saída do sol me parece ver o Senhor, e escuto milhares de serafins que o louvam", ou seja, ele via tudo de modo místico.

Uma visão beatífica.
Uma visão beatífica, sim, exatamente.

De Blake. Agora, embora o senhor se declare alheio à música em geral, salvo as milongas e os blues...
Bem, mas não sei até que ponto são música, embora eu diria que... bem, os *spirituals* me parece que são música, sim, realmente Gershwin é música, não?

Sem dúvida, e que o senhor aprecia muito.
Gosto muito, mas não é sempre que Gershwin corresponde a esse tipo de música... Stravinski também gostava muito do jazz. Quando escuto jazz, o que me chama a atenção é que ouço sons que não ouço em nenhuma outra música, sons que parecem sair do fundo de um rio, não? Como se fossem produzidos por elementos distintos, sim, e isso determina uma riqueza, ter incorporado novos sons.

É verdade, o jazz fez isso. Dizia que, por outro lado, o senhor parece não ter ficado alheio à pintura.
Não...

Isso poderia ser demonstrado, por exemplo, através daquele poema seu "The unending gift" (O presente interminável), dedicado ao pintor Jorge Larco.
Sim, mas não sei se o tema era a pintura; o tema era o fato de que, quando a pintura existe, é algo limitado, e

A PINTURA

enquanto não existir, então ela pode ir se renovando e se ramificando, multiplicando-se infinitamente na imaginação. E também, bom, lembro que, em *The Doctor's Dilemma* (O dilema do médico), Bernard Shaw menciona três pintores que são... Ticiano, Rembrandt e Velázquez. Ele diz que quando o pintor morre, além da confusão da sua vida (se refere ao aspecto ético, não?), ele foi leal... e, então, ele fala de Deus, que abençoou suas mãos, já que ele acredita no mistério da luz e no mistério das sombras, e acredita em Ticiano, Velázquez e Rembrandt.

E esperaria o céu desses pintores.

Imagino que sim. Eu me lembro de um longo parágrafo, muito eloquente, um parágrafo deliberadamente retórico de Shaw, que Estela Canto sabe de memória. Ela sabe de memória tantas passagens de Bernard Shaw! E esse lado retórico de Shaw não foi percebido por muitos, e ele o acentuou: o fato de ele ter trazido para o teatro o que tinha sido esquecido, que eram as longas orações retóricas, e que, além disso, eram eficazes, já que "retórico" não é necessariamente um reproche. Bem, eu tive a felicidade de conhecer um máximo pintor argentino: Xul Solar, e ele me falava sempre de Blake e do pintor suíço Paul Klee, que ele julgava superior a Picasso, num tempo em que falar mal de Picasso era herético, não? Talvez esse tempo continue, não sei (*ri*).

E, em algum momento, o senhor julgou Xul Solar como um homem genial.

Xul Solar, sim, certamente... eu conheci muitos homens de talento, são abundantes neste país, e talvez no mundo todo. Mas não homens de gênio; além de Xul Solar, não tenho certeza. Quanto a Macedonio Fernández, ele o era oralmente, mas por escrito... os que o procuraram nas suas páginas escritas ficaram decepcionados, ou perplexos.

Como o senhor disse, ele demonstrava seu gênio no diálogo.

Sim, penso que sim. Agora vai ser publicado um livro de Xul Solar, eu vou escrever o prólogo, e vão publicar páginas dele, mas, curiosamente, páginas dele escritas em espanhol comum, não na "panlíngua" baseada na astrologia nem no "Creol", que era o espanhol enriquecido por dons de outros idiomas.

E que foi criado por Xul Solar.

Sim, porque ele inventou esses dois idiomas: a "panlíngua", baseada na astrologia... bem, também inventou o "panjogo". Agora, conforme ele me explicou — nunca entendi isso —, cada jogada do "panjogo" é um poema, é um quadro, é uma obra musical, é um horóscopo, bom, tomara que seja isso mesmo. Em *O jogo das contas de vidro*, de Hermann Hesse, existe uma ideia parecida, salvo que, em *O jogo das contas de vidro*, compreendemos continuamente que se trata da música e não realmente de um "panjogo" como queria Xul, de um jogo universal.

Quanto à sua relação com a pintura, sr. Borges, não podemos esquecer que o senhor é irmão de uma pintora.

Penso que de uma grande pintora, embora não saiba se a palavra "grande" acrescenta alguma coisa à palavra "pintora", de uma pintora, digamos. Agora, como ela explora temas como os anjos, jardins, anjos que são músicos nos jardins...

Como, por exemplo, o quadro La Anunciación, *que tem Adrogué como pano de fundo, que está na sua casa.*

Sim, que ela queria destruir.

Que erro!

Não, porque ela acha que não tinha muita habilidade quando pintou isso. Bom, eu sei que ela traça o plano de cada quadro, e depois o quadro, ou seja, quem disse que se trata de uma pintura ingênua, se enganou completamente. Mas os críticos de arte, sim, sua profissão é se enganar... ou todos os críticos.

A PINTURA

Como os críticos literários?

Como os críticos literários, sim (*ri*), que se especializam no erro, não? No cuidadoso erro.

(Ri) *Temos também um vizinho seu...*
O doutor Figari?

Pedro Figari, exatamente, que morou aqui perto, na Marcelo T. de Alvear.

E morreu aqui ao lado, neste quarteirão. Ricardo Güiraldes nos apresentou; ele era advogado, teria uns sessenta anos e me parece que de repente descobriu que podia pintar — pintar, e não desenhar, porque não sabia desenhar —; desenhava diretamente com pincel, e tomou, acho que do livro *Rosas y su tiempo*, de Ramos Mejía, esses temas de negros e de *gauchos*. E Pablo Rojas Paz disse: "Figari, pintor da memória", que me parece adequado, porque o que ele pinta é isso.

É justamente isso.

Por exemplo, não são quadros realistas, já que aparecem *gauchos* com *calzoncillo cribado*.[1] Bem, mas nunca usaram isso no Uruguai, mas não interessa, já que ele não procurava a precisão; todos os quadros dele são realmente quadros da memória, ou, mais exatamente, quadros de sonhos.

Tanto assim que, numa ocasião, Jules Supervielle elogiou Figari pela luz de seus quadros, e Figari respondeu: "É a luz da lembrança".

Ah! Muito bem.

Sim, isso coincide com aquilo de "Pintor da memória".

Claro que sim! Não sabia disso, e também não imaginei que Figari fosse epigramático. Ele explicava cada quadro desde a perspectiva da história do quadro. Por exemplo: "Este homem está muito preocupado, o que será que lhe aconteceu; estes negros, como eles estão felizes, tocam

---

[1]Parte da indumentária típica dos *gauchos* do século XIX.

o tambor, borocotó, borocotó, borocotó, chas-chas". Sempre repetia essa onomatopeia: borocotó, borocotó, borocotó, chas-chas! (*ambos riem*). Ele explicava cada quadro de um modo festivo, mas sem se referir às cores ou às formas, mas ao tema, digamos, ao que ele chamava a história do quadro.

VOLTAIRE

OSVALDO FERRARI — *Há pouco tempo, o senhor me falou do livro de Victor Hugo sobre Shakespeare e sobre a visão que o senhor tinha dos clássicos, e faz alguns dias eu encontrei um artigo de Victor Hugo sobre Voltaire nas quais começa dizendo que, em grande medida, Voltaire é o resultado da ação do pai dele, que condenava a literatura, e de seu padrinho, que gostava dela e estimulava Voltaire.*

JORGE LUIS BORGES — Não sei se isso pode ser justificado, porque, de qualquer forma, Voltaire é uma das máximas figuras da literatura.

Sem dúvida, mas Hugo acrescenta que, talvez, esses dois impulsos contrários tenham viciado a direção da imaginação de Voltaire.

Todavia, temos os contos de Voltaire, provavelmente alguns desses contos lhe foram sugeridos por Swift, outros por *As mil e uma noites*, outros pelas viagens do capitão Gulliver, mas ele fez algo completamente diferente, embora partindo, evidentemente, dessas origens. Além disso, teve a ideia de abordar o Oriente, e um Oriente fantástico. Mas é claro que o fez de um modo irônico, completamente alheio ao estilo de *As mil e uma noites*. Agora, não há dúvida de que Hugo admirava Voltaire.

Naturalmente.

Porque parece que não admirar Voltaire é uma das muitas formas da estupidez.

Embora Hugo se lamente da dispersão da obra de Voltaire em diferentes gêneros.

Bom, sim, sobretudo o drama de Voltaire... me parece

que foi Lytton Strachey quem disse que com ele o drama tinha conseguido algo inaudito, exceto pelo fato de que Voltaire tinha perdido o senso do ridículo.

Que era o que mais lhe atribuíam, é claro.

Evidentemente, que ele o perdesse completamente no drama, embora, possivelmente, a tradição do drama fosse tão forte que esse absurdo fizesse parte do gênero.

Hugo enumera os sucessos e fracassos dos diferentes dramas que Voltaire estreou em vida.

Sim, mas, atualmente, pensaríamos que todos eles fracassaram, não?

Em que sentido?

No sentido de que, se pensarmos em Voltaire, nos lembramos de qualquer coisa exceto dos dramas.

É verdade.

Na poesia também não, em "La Henriade".

Sim, mas "La Henriade" delata o gosto de Voltaire pela epopeia.

Sim, mas ele não se saiu muito bem; alguém chamou atenção para o fato de que na obra não havia sequer suficiente pasto para os cavalos que aparecem nela (*ambos riem*). No entanto, Voltaire, sem se propor, e talvez, sem saber, escreveu uma obra épica, que é o livro sobre Carlos XII da Suécia, a quem Voltaire considerava o homem mais extraordinário do mundo. Parece que, do ponto de vista histórico, a obra é muito falível, devido a que, nesse campo, os conhecimentos de Voltaire eram superficiais, mas, apesar de tudo, é uma epopeia.

Além do mais, ele escreveu aquele ensaio sobre poesia épica, em que diz, por exemplo, que um poema épico deve estar fundado sobre a razão e embelezado pela imaginação.

Bom, essa base de razão é que não sabemos...

Delata seu século.

VOLTAIRE

Sim, delata seu século. Mas, defender a razão, ao menos como ambição humana — não sei se chegamos a ser razoáveis, penso que não —, de qualquer forma, o culto da razão parece conveniente, não há dúvida. Apesar de não a alcançarmos, ou melhor, apesar de não a alcançarmos sempre, já que seria muito estranho que toda a nossa vida fosse irracional. Agora, a história pode ser irracional. Veja, por exemplo, Wells escreveu aquela *História universal*. Ele quis, evidentemente, que os homens esquecessem as paixões, as fronteiras, as pátrias, que a história fosse vista como uma aventura comum da humanidade. No entanto, quando lemos a *História universal* de Wells... claro que ele teve que reescrever o que conseguiu encontrar, precisamente a história das guerras, das conquistas...

A história real.

Sim, a história real, que, infelizmente, é uma história militar ou, de qualquer forma, é isso o que nos chega, mas também nos chegam a filosofia e as artes, que são diferentes. Talvez ainda possa ser escrita uma história universal cujos grandes personagens não sejam os violentos Alexandres, ou Carlos XII, ou Tamerlões, ou Napoleões, ou o que for. Mas, no momento, se pensarmos no passado, somos obrigados a pensar nisso, que também é dramático, tem um valor estético. Pensaríamos que a *História universal* de Wells teria que diferir das outras, mas difere muito pouco. Falamos também de outra excelente história universal: a de Chesterton — me parece que se chama *Everlasting Man* (O homem eterno), que eu conheci por Francisco Luis Bernárdez. Agora, é um livro muito estranho, não há nenhuma data, há pouquíssimos nomes próprios, e tudo é contado de uma forma tão patética... lembro que li o capítulo que fala das guerras púnicas e, quando cheguei no final, já estava chorando.

Como sempre, o senhor fica comovido com o épico.

Sim, justamente. |115

Agora, Hugo faz associações, naturalmente, dentro do século XVIII, *entre Voltaire, Rousseau e Mirabeau...*

Não sei, atualmente me sinto tão distante de Rousseau, embora tenha feito de tudo — como bom genebrino —, até cheguei a ler o *Emílio*, um dos livros mais tediosos que já foram escritos.

(Ri) *E não chegou a embarcar no* Contrato social.

Não no *Contrato social*, mas cheguei às *Confissões*, que mostram um personagem muito desagradável. Parece que, quando escreveu esse livro, Rousseau percebeu as possibilidades patéticas e atribui a si mesmo uma série de faltas não cometidas por ele, por exemplo, de ter abandonado seus filhos. Bem, parece que não os abandonou, e que também não os engendrou.

Hugo afirma também que nessa sociedade que se dissolvia na França, antes da Revolução...

Sim, se a Revolução aconteceu, é porque já tinha acontecido, não?

Certamente.

Sim, mas isso poderia ser dito acerca de tudo. Quando algo acontece, isso já aconteceu há muito tempo, mas de um modo íntimo, ou seja, os fatos simplesmente vêm confirmar algo anterior.

Sim, os prolegômenos são invisíveis, mas depois são revelados.

Sim, penso que sim, e isso poderia ser usado, digamos, como argumento a favor de Rosas, e do outro Rosas que padecemos; se chegaram ao poder, é porque havia algo... bem, "algo de podre no reino da Dinamarca".

Além do que eles fizeram para chegar ao poder.

Certamente. Também poderíamos pensar — isso seria um consolo — que quando acontece alguma coisa, algo adverso, isso significa simplesmente que recebemos uma carta em que comunicam isso.

Em que comunicam que alguma coisa já estava acontecendo antes.

Sim, que os fatos viriam a ser sintomas de doenças já latentes.

É verdade, acontece como no processo da doença.

Sim, ou seja, se sou decapitado, isso significa que já me cortaram a cabeça, não? (*ambos riem*).

No coração dos homens já a haviam cortado, sim.

É mais importante o que acontece no coração e na mente do que o que acontece na mera atualidade, digamos, na mera realidade.

Certo, porque é o que acontece na consciência.

Sim, temos certeza da consciência e não temos certeza da realidade da realidade. Da consciência temos um testemunho imediato. Por outro lado, o outro é mais ou menos como quando eu digo que nasci em Buenos Aires em 1899. É um mero ato de fé, porque eu não me lembro de ter nascido em Buenos Aires em 1899, e ninguém pode se lembrar de seu nascimento, não? Embora atualmente, segundo os especialistas, possamos nos lembrar até de experiências anteriores ao nascimento... o que é um ato de fé que eu, pessoalmente, não professo. Que estranho que uma ciência se baseie sobre algo tão hipotético quanto isso. Bem, digamos, uma ciência entre aspas, como a psicanálise, em que uma parte se baseia nisso; existe, por exemplo, uma suposta relação entre os filhos e os pais.

Se revaloriza o passado, em particular.

Sim, e um passado bastante conjectural, ou do tipo conjectural. Acho que González Lanuza começou a escrever uma autobiografia, e disse: "Sinto ferir ou entristecer os psicanalistas, mas, realmente, eu amava minha mãe e meu pai" (*ambos riem*). Ele disse: "Eu preferiria respeitar os sentimentos deles, mas a verdade me obriga a dizer que fui feliz quando criança, e que amava os dois imparcialmente, digamos".

Voltando a Voltaire, sr. Borges, dizia Hugo que, em meio dessa sociedade francesa que se dissolvia, Voltaire aparecia como "uma serpente num pântano, capaz de transmitir seu veneno e influir decisivamente no que viria". Como acabou acontecendo.

Fica tão difícil associar as palavras "veneno" e "Voltaire"... salvo pela aliteração, mas fora isso não.

Lhe asseguro que Hugo faz isso com absoluta facilidade. Ele lhe atribui...

Bem, sim, mas como Hugo gostava das antíteses, possivelmente ele pensou que "Voltaire" e "*serpent*" eram uma antítese, como quando ele fala da estrela e da aranha, da sombra e da luz. Possivelmente foi por isso.

Uma antítese literária, digamos?

Sim, mas é claro que já havia algo de serpentino em Voltaire, não? Ou assim o sentiram. De qualquer forma, foi sentido como algo diabólico.

O SÉCULO XIX

OSVALDO FERRARI — *Há pouco, numa frase o senhor sugeriu que se identificava ou que tinha mais afinidade com o século anterior que com este século em que vivemos.*

JORGE LUIS BORGES — É verdade, eu nasci no penúltimo ano do século passado, em 1899, sou uma relíquia desse século, mas, ao mesmo tempo, se penso que o século XIX produziu o XX, bom, encontrei o melhor argumento contra esse século. Mas o século XIX foi produzido pelo XVIII, que talvez fosse superior. Em relação ao XVII, não sei, tenho sentimentos que são contraditórios.

É fácil perceber que a maioria dos escritores de sua predileção corresponde ao século XIX.

Em todo caso, nasceram no século XIX.

Sim, nasceram.

É claro que a divisão em séculos tem que ser arbitrária, mas não podemos pensar sem generalizar, o que também é uma generalização, não?

Sim.

Parece que o pensamento é impossível sem a generalização, já que para pensar usamos palavras abstratas; bom, neste ponto, há duas possibilidades: ou as palavras abstratas são simplificações de outras ou existiram os arquétipos platônicos. Temos que escolher entre as duas coisas, ou seja, ou a palavra "branco" é um modo de fazermos referência à cor do arroz, à cor da neve, à cor da lua, à cor dos dentes, ou temos que supor, com o idealismo, que há arquétipos. Ou seja, que a neve, que o arroz, que a lua, que os dentes fazem parte

JORGE LUIS BORGES E OSVALDO FERRARI

de um arquétipo que é a brancura. Mas parece mais verossímil supor que se procurou uma palavra, bem, um pouco vaga, que nos ajuda a pensar; com isso, nos aproximaríamos do nominalismo, que supõe que existem os indivíduos, e que se encontraram semelhanças que serviram para sugerir as palavras abstratas.

Ou, de outra forma, do platonismo, digamos.

Sim, que supõe que cada coisa vem a ser um nó, digamos, onde esses arquétipos se juntam.

E que há palavras arquetípicas.

Sim, que a palavra "brancura", por exemplo, serve para a neve, e, ao mesmo tempo, serve para o arroz, e serve para a lua.

A extensão do branco, é claro.

Sim, podemos escolher uma das duas concepções. Agora, segundo Coleridge, todos os homens nascem aristotélicos ou platônicos, ou seja, idealistas ou nominalistas. E ele afirma que não podemos conceber um terceiro tipo de homem. De modo que somos aristotélicos ou platônicos, e, segundo Coleridge, não podemos ser outra coisa, mas, normalmente, somos as duas coisas.

Ou no Oriente somos confucianos ou laotseístas.

Claro, agora, eu estava lendo nesse livro *Os primeiros mil anos* — uma história da literatura japonesa de um autor japonês —, e ali ele diz que o budismo zen chegou ao Japão afirmando que o budismo e o confucionismo são a mesma coisa. Ou, segundo a metáfora um pouco inevitável que ele utiliza, são os dois lados de uma mesma moeda, ou seja, que essencialmente não tem que haver uma discórdia entre os dois, embora historicamente tenha havido, e que, em muitos casos, foi sangrenta.

No entanto, associaríamos o budismo mais com Lao Tsé do que com Confúcio.

O SÉCULO XIX

Sim, mas com a discórdia entre Confúcio e o budismo zen o que se procurava era uma reconciliação de ambos. Sim, porque, oficialmente, o taoísmo não contava, ou era identificado com o budismo, como o senhor diz. O mundo de Confúcio parece um mundo pouco místico, e penso que em alguma ocasião Confúcio disse que os seres sobrenaturais devem ser respeitados, mas que é melhor mantê-los afastados (*ambos riem*), o que era um modo muito cortês de recusá-los.

Mais ou menos como Platão com os poetas.

Sim, mais ou menos. Bem, acreditamos na Trindade, mas é melhor que a Trindade fique longe, não é? Que não intervenha muito (*ri*), mas, enquanto isso, é melhor respeitá-la, por motivos, bem, de boa educação... ou por uma precaução talvez necessária.

Dizia antes que o senhor costuma lembrar a visão das coisas que esses escritores nascidos no século XIX tiveram, como Chesterton ou como Shaw, por exemplo...

Ah, sim, e na verdade, essa literatura parece tão rica. Agora, teve outra, bom, outra conjectura que eu ouvi, que diz que o século XIX acabou realmente em 1914.

Ah, é bem provável.

Porque em 1914 vem a guerra, e depois a desconfiança entre os países, bom, os passaportes...

Bom, foi o século da ideologia do progresso, do positivismo, e também das ideias nacionalistas, socialistas, enfim, ali nasceram muitas coisas, e se exercitaram neste século, no nosso...

É que eu diria que os políticos, no geral, são leitores atrasados, não? (*ri*) Ou seja... bem, um escritor francês disse que as ideias nascem doces e envelhecem ferozes. É verdade, porque, por exemplo, se começa pela ideia de que o Estado deve dirigir tudo, que é melhor que exista uma corporação que dirija as coisas, e não que tudo "fique abandonado ao caos, ou a circunstâncias individuais", e se chega ao nazismo ou ao comunismo. Toda ideia começa sendo uma bela possibilidade, e depois, bem, quando envelhece, ela é usada para a tirania, para a opressão, mas no início, as ideias...

São inocentes...

Sim, e até podemos dizer que são poéticas e que depois são prosaicas e terríveis, sim, inexoráveis.

Agora, no começo do século passado, apareceu o movimento que, pelo que me parece, o senhor considera o mais importante da literatura: o Romantismo.

Sim, exceto se o Romantismo tivesse surgido no século XVII; mas deve ter surgido com o Ossian, de Macpherson, e com as baladas inglesas e escocesas do bispo Percy.

Ou seja, a partir da Escócia e da Inglaterra.

Sim, a partir da Escócia, na verdade, já que o bispo Percy era de Northumbria, ou seja, estava na fronteira com a Escócia. E depois se estende ao resto do mundo; de qualquer forma, temos o seguinte fato: a data oficial do Romantismo é, na Inglaterra, o ano de 1798, ano da publicação das *Baladas líricas* de Coleridge e de Wordsworth; e, na França, em 1830, o ano da representação de *Ornany*. Na Alemanha não sei qual é a data oficial, se é que há uma data oficial — as datas oficiais são, bem, são convenções transparentes, digamos. E, claro, não sei se na Espanha houve um movimento romântico, além de Bécquer, que vem a ser uma espécie de pálido espelho de Heine, penso que não houve um movimento romântico.

Bom, talvez Espronceda...

Sim, mas me parece que é, na verdade, retórico; é mais oratório. Os poetas românticos espanhóis são mais oratórios. De qualquer forma, são tardios. Teríamos que examinar o caso da Itália. E aqui, bem, aqui teríamos...

Echeverría.

Echeverría, não sei exatamente qual seria a data, deve ser posterior a 1830.

O SÉCULO XIX

Sim, durante a época de Rosas.

Certamente, e esse poema dele que é lembrado, esse poema que foi tão criticado por Lugones, quando fala do pampa e diz que se estende misterioso, indefinido, e o compara com um imenso pélago verde. Agora, essa comparação, eu acho que de fato é falsa, sempre se compara a planície com o mar. Pessoalmente, eu o sinto de um modo diferente, porque no mar há um mistério, no mar há uma mudança contínua que não se manifesta na planície, eu acho.

É verdade, o mar é uma planície em movimento.

Todavia, o deserto, que é a planície, tem, pelo menos para a imaginação, uma conotação completamente diferente. Além disso, a palavra "deserto" possui algo que a palavra "planície" não tem. Bom, eu não tenho direito a falar destas coisas; sempre fui míope e agora sou cego, mas tenho a impressão de que a planície é igual em todo mundo: quando estive em Oklahoma pensei que estava na província de Buenos Aires e, provavelmente, se chegasse à estepe, ou se chegasse à Austrália, ou se chegasse ao que chamam o *Veldt* ou o *Karroo*, na África do Sul, sentiria a mesma coisa. Por outro lado, diríamos que cada montanha é distinta, quase poderíamos dizer que cada montanha é um indivíduo.

Enquanto a planície é anônima.

A planície é anônima e difundida, e quem viu uma, viu todas. E a montanha não, a montanha é distinta.

No século passado, lá pela segunda metade, temos outro de seus poetas preferidos, mas já dentro do simbolismo. Naturalmente me refiro a Verlaine.

Ah, certamente. Mas, me parece que já disse que se tivesse que escolher um poeta, escolheria Verlaine, embora às vezes vacile entre Verlaine e Virgílio. E alguns me disseram que Virgílio é um simples eco de Homero. Agora, Voltaire disse: "Se Homero fez Virgílio, é o que fez de melhor".

E como conjecturávamos numa outra oportunidade, se posteriormente Virgílio cria Dante, então ele também é uma de suas melhores obras.

Claro.

Também temos que lembrar que o século XIX é o século em que Nietzsche pronunciou aquela frase: "Deus morreu".

E, no entanto, parece que não, não é? Parece que não morreu. De qualquer forma, vive como uma esperança; aquilo que disse Bernard Shaw: *"God is in the making"* (Deus está se fazendo), e esse *fazer-se* de Deus, bem, seria o universo, sem excluir os minerais, os animais, os homens; neste momento, nosso diálogo seria um *fazer-se* de Deus.

Bom...

Em relação à ideia de que "Deus morreu", ela vem a ser uma prolongação da ideia do "Crepúsculo dos deuses", do momento em que os deuses morrem, e também os demônios, claro. Mas ali não se fala da humanidade, é curioso, naquele canto da profecia da bruxa, ou da profetisa. Não, com uma espécie de alto desprezo, se fala dos deuses e dos demônios naquele "Crepúsculo dos deuses" escandinavo.

Os homens não contam.

Não, nos cantos da *Edda Maior* se fala dos deuses, e também se diz que voltarão depois de seu "Crepúsculo".

Então o senhor conjectura que a mitologia teria influído no próprio Nietzsche?

Bem, penso que não há dúvida, a prova é que ele tem um livro chamado *O crepúsculo dos ídolos*.

A mitologia e a filosofia.

Bom, imagino que existe uma troca contínua, não? O mito...

E a razão.

E a razão, sim. Eu estive pensando sobre o mito; acho que a diferença entre o mito e a fábula, uma ficção qualquer, é que, bem (pensei particularmente nos clássicos), os

O SÉCULO XIX

124 | clássicos são livros que são lidos de uma maneira determinada. E o mito é uma ficção, um sonho, uma fábula, que se lê como se fosse capaz de muitas interpretações, e como se tivesse um sentido necessário.

Certamente, sim.

Porque, caso contrário, não sei qual pode ser a diferença entre um mito e um conto de fadas. A prova de que se trata de algo diferente é que o conto de fadas é ouvido como uma diversão e o mito, bem, a própria palavra mito é uma palavra de bastante respeito.

Se ouve como uma fatalidade, no sentido de que a fatalidade incide na mitologia grega.

Sim, ali incide a fatalidade.

VIRGÍLIO

|125

Osvaldo Ferrari — *Quanto aos clássicos e ao gênero épico, sr. Borges, uma de suas predileções permanentes, até mais do que a* Ilíada *parece ser a* Eneida *de Virgílio. Talvez a sutileza com que foi escrita a* Eneida *seja outro aspecto...*

Jorge Luis Borges — Evidentemente; além do mais, eu conheço a *Odisseia* através de várias versões, de versões inglesas — acho que em inglês há trinta e tantas versões da *Odisseia*; da *Ilíada* há menos, já que, bom, a Inglaterra e o mar são um conjunto. Por outro lado, em alemão há mais versões da *Ilíada*, porque a Alemanha é a terra, a Inglaterra é o mar, não? Vão juntas. De modo que eu li muitas versões da *Odisseia*, e tenho a velha edição de Chapman, que foi contemporâneo e rival de Shakespeare e creio que, bem, foram rivais no amor, e Shakespeare fala dele indiretamente em alguns versos. Mas, enfim, parece que me distraí, já que estou falando da *Odisseia* em lugar da *Eneida*. Talvez a melhor versão inglesa da *Odisseia* seja a de Lawrence da Arábia. Ele a publicou e assinou: T. B. Shaw, que é o pseudônimo que ele usou quando renunciou a seu título militar de coronel, e serviu na Força Aérea. No caso da *Eneida*, que evidentemente teria sido impossível sem a *Ilíada* e a *Odisseia*, temos, como o senhor disse no começo, duas virtudes que quase nunca se encontram, ou que só se encontraram na *Eneida*: trata-se, antes de mais nada, da inspiração épica, porque, evidentemente, a epopeia de Enéas, bom, ele é visto como mítico fundador do império de Roma, e foi escrita na época de Augusto, como se sabe. E também o cuidado com que cada linha foi escrita; de modo que é muito estranho, é como se um poeta *precieux*, como se um poeta que sen-

VIRGÍLIO

tisse cada linha, a virtude de cada linha, tivesse usado essa arte minuciosa (*in tenue labor*) para uma vasta epopeia, e devemos lembrar que durante a Idade Média, e talvez até o movimento romântico, o grande poema era a *Eneida*, já que Homero era honrado, mas isso era um ato de fé. Por exemplo, o temos em "El nobile castello", quando essas grandes sombras dos poetas clássicos, que são cinco, se aproximam de Dante e o recebem como o sexto no grupo deles. Dante, que ainda não escrevera a *Comédia*, evidentemente, mas sabe que é capaz de escrevê-la. Um dos cinco é aquela grande sombra que avança com a espada na mão, e é a grande sombra de Homero. E agora lembro um comentário sarcástico de Voltaire, que diz: "Se Homero fez Virgílio, é o que fez melhor" (*ri*).

E se Virgílio fez Dante... poderíamos acrescentar.

Isso é verdade, sim, e de alguma forma, se Virgílio fez Dante, e de alguma forma Homero fez Virgílio... que curioso que um poeta trabalhe em função de poetas futuros, que não pode prever, e que talvez não pudesse entender, ou de que não gostasse.

Ah, possivelmente.

Porque teríamos que saber se Homero, ou os gregos que chamamos de Homero, teriam aprovado a *Eneida*, possivelmente não. E o que teria dito Virgílio da *Divina comédia*? Não teria entendido uma boa parte, teria entendido o que se refere à mitologia pagã: por exemplo, no "Inferno" há o minotauro, há centauros, bom, e lá está ele, mas convertido em outro personagem, porque, sem dúvida, o Virgílio histórico não tem obrigação de se parecer com esse grande personagem, que é o máximo personagem da *Divina comédia*, que é Virgílio. E até poderíamos pensar que o mais importante dessa obra, embora tudo seja importante, é a amizade de Virgílio e Dante, porque Dante sabe que ele se salvará, e sabe que o outro está condenado — pelo menos excluído da vista de Deus — e leva essa vida melancólica com as outras quatro grandes sombras.

Sim, como antes Enéas na Eneida.

É verdade.

No sexto livro.

Sim, no sexto livro, que deve ter servido de inspiração para Dante, porque essa ideia da viagem a... bom, toda a ideia da *Divina comédia*, de alguma forma, é uma extensão, uma esplêndida extensão do sexto livro da *Eneida*. Agora, que curioso, quando penso na *Eneida* agora, lembro menos de situações que de frases, mas isso é próprio de todo poeta... e acho que agora poderíamos chamar Virgílio de barroco.

Cada um de seus versos foi trabalhado.

Sim, cada verso. Por exemplo, ele disse de maneira tão esplêndida aquele *"Troya fuit"*, que normalmente se traduz muito mal para o espanhol dizendo *Aquí fue Troya*, [Aqui foi Troia] que faz com que a frase perca toda sua força. Por outro lado, *Troya fue* está como manchado de melancolia... *Troya fue* é como dizer: alguma vez foi possível dizer *Troya es*, [Troia é] e agora só podemos dizer *fue*. Esse *fue* é esplêndido; sim, é um artifício literário, mas toda a literatura é feita de artifícios. E agora lembro que Chesterton faz notar que o mundo todo, que todos os países gostariam de ter descendido dos troianos e não dos aqueus.

É curioso.

Isso nos levaria a suspeitar que o herói verdadeiro — pelo menos para nós, e talvez também para Homero —, o verdadeiro herói da *Ilíada* fosse Heitor.

O troiano.

Sim, o troiano, e uma prova disso é que o livro se chama *Ilíada*, se refere a Ílion.

A Ílion, ou seja, a Troia.

Claro, porque poderia ter se chamado "Aquileia", como a *Odisseia*, mas não, se chama *Ilíada*. Todavia, os dois têm

VIRGÍLIO

um destino trágico, já que Aquiles sabe que não entrará nunca em Troia e Heitor sabe que está defendendo uma cidade condenada ao extermínio e ao fogo. De modo que os dois personagens são trágicos; os dois lutam, bem, Heitor por uma causa perdida e Aquiles por uma causa que será vencedora, mas num momento em que ele já estará morto, cujo triunfo ele não poderá ver.

Ali se aprecia a fatalidade grega.

Sim, é claro, a vastidão do mar, porque na ação da *Ilíada* temos as batalhas e também algumas cenas entre os deuses...

Sim, mas é muito interessante ver de que forma cada um dos personagens da Ilíada *se submete à fatalidade dos deuses, à fatalidade grega, digamos.*

Sim, bem, é que os deuses também estão submetidos.

Por sua vez.

Me parece que a palavra que simboliza o destino em grego equivale a *wyrd* em inglês antigo; por isso as três bruxas que iniciam a ação de *Macbeth* são também as *wyrd sisters*, ou seja, as irmãs fatais, ou seja, as parcas. Sim, porque essas bruxas também são as parcas, e, além disso, Macbeth é um instrumento das parcas e da ambição de sua mulher, como ele é sentido por ela, bom, quando ela lhe diz que nele abunda, em excesso, *"the milk of human kindness"* (o leite da bondade humana), ou seja, sentimos que ele, essencialmente, não é cruel, ele está sendo manejado pela profecia, por sua fé na profecia — que, por sua vez, Banquo não compartilha —, porque aparecem as bruxas, dizem suas profecias, desaparecem, e Banquo diz: "A terra tem borbulhas, como a água as tem, e estas são dela". De modo que ele vê nas bruxas... bem, fenômenos casuais da terra, borbulhas.

De alguma forma, o paganismo persiste, mesmo que atenuado.

Claro, uma vez que as três bruxas são as três parcas.

Bom, e na mitologia escandinava também aparece a parca, com o nome de *Norn*, sim, as "nornas". Mas, a propósito da mitologia escandinava, parece que o fascínio que a *Eneida* exerceu no Norte foi tal que inspirou nos saxões essa epopeia um tanto pesada, o *Beowulf* (me parece que foram descobertas duas passagens da *Eneida* ali). Mas o senhor também deve se lembrar do deus Thor dos escandinavos, já que em algum lugar do texto escandinavo li que Thor era irmão de Heitor.

Novamente Heitor, o troiano.

O troiano, ou seja, os escandinavos, lá, perdidos em seu Norte, queriam, bom, contrariando o futuro etnólogo Hitler, queriam ser troianos. E, além do mais, Thor e Heitor soam parecido.

Seria a necessidade do Norte de se sentir unido ao Sul, como o senhor mencionava em outra oportunidade.

Sim, por outro lado, o prestígio de Roma, sempre o prestígio de Roma, e de todo o Sul; bem, claro, os bárbaros têm que sentir o prestígio de...

Da antiga cultura.

Sim, da cultura. Bom, um caso clássico seria o dos tártaros: os tártaros ou mongóis conquistam a China e depois de duas ou três gerações se tornam cavalheiros chineses que estudam o *Livro das Mutações*, os *Analectos* de Confúcio, sim (*ri*).

Voltando ao Sul, me chama a atenção o fato de que Virgílio, reconhecendo-se como discípulo de Lucrécio, tenha sido tão idealista ou fantástico, em contraste com o materialismo de Lucrécio, que provinha naturalmente de Epicuro.

Sim, parece que não sentimos nada de parecido entre eles, mas Lucrécio deve ter influenciado Virgílio. Agora, evidentemente, Dante não menciona Lucrécio, e os cinco poetas que o recebem o cumprimentam como alguém como eles, já que sabem que ele escreverá a *Divina comédia*, veja-

VIRGÍLIO

mos, quais seriam? Bem, seriam Virgílio, Homero, Horácio, Ovídio e Lucano. E Lucrécio está excluído, bom, sendo ateu, naturalmente Lucrécio tinha que estar excluído, não? Embora ele comece como uma invocação a Vênus, e Vênus viria a ser ali com um equivalente à vontade de Schopenhauer, ou à evolução criadora de Bergson, ou ao "*life force*" (força vital) de Shaw; uma espécie de força, ou como disse Glandville, "Deus é uma vontade": uma vontade que se realiza nas pedras, nas plantas, nos animais, em nós, em cada um de nós. Sim, penso que existe um sentimento religioso em Lucrécio, mas no sentido do panteísmo.

Bom, embora ele negue a religiosidade, nega os deuses e a influência dos deuses sobre os homens.

Sim, mas nota-se que para ele existe algo sagrado, digamos, no universo, na vida.

Não o diz, mas se nota, é verdade.

Por isso Hugo, que evidentemente não era cristão, em seu livro sobre Shakespeare, faz uma lista de grandes poetas ou de homens de gênio, e ali ele começa por Homero e passa por Lucrécio, e me parece que exclui Virgílio e Dante, sim, o tempo todo há uma espécie de paralelo entre Ésquilo e Shakespeare, que depois se entende, porque ele diz "como ser parecido com estes grandes mestres? Sendo diferente", responde.

E o senhor de quem se sente mais próximo, de Lucrécio ou de Virgílio?

É difícil responder; acho que, intelectualmente, de Lucrécio, mas, literariamente, ou poeticamente, de Virgílio.

Ótimo.

Li Lucrécio na versão inglesa de Monroe, que é considerada a melhor. Mas Virgílio, enfim, ouvi pelo menos de longe a voz de Virgílio durante os sete anos em que me aproximei do estudo do latim, e do amor pelo latim.

SOBRE A AMIZADE

|131

OSVALDO FERRARI – *Mais para além das nossas fronteiras, me parece que o senhor vê na amizade suas possibilidades criativas. Entre as famosas, basta lembrarmos a amizade espiritual de Platão e Sócrates.*

JORGE LUIS BORGES – Esse seria o *opus classicus*, não é?

Claro.

Mas depois houve tantos outros...

Bom, Jaspers afirma que a filosofia platônica se funda nesse vínculo pessoal de toda a vida com Sócrates, e que o central dessa filosofia não é nem a natureza nem o universo, nem o homem, nem nenhuma proposição, mas tudo isso em função dessa amizade.

Isso não é impossível. Agora, eu pensei, e sem dúvida o disse em mais de uma oportunidade, que os diálogos platônicos correspondem ou surgem da nostalgia de Platão por Sócrates, quer dizer, Sócrates morre e Platão finge que continua vivendo, e que continua discutindo diversos assuntos. Bom, isso seria equivalente à ideia do *magister dixit*; Pitágoras é um exemplo: Pitágoras não escreve nada para que seu pensamento se ramifique no pensamento de seus discípulos. E Platão, apesar da morte corporal de Sócrates, continua fingindo ou sonhando que Sócrates existe, que Sócrates aplica sua teoria dos arquétipos a todas as coisas, e então Platão leva mais além a primitiva ideia socrática, que seria a ideia de arquétipos do bem, ao imaginar arquétipos do mal, arquétipos de todas as coisas. Finalmente, se chega a um mundo arquetípico no qual há tantos arquétipos quanto indivíduos, e que, por sua vez, precisaria de outro mundo de arquétipos e assim infinitamente.

Mas isso implicaria, entre outras coisas, que nas origens da filosofia ocidental esteve o grande sentimento da amizade.

Sim, a amizade e a ideia da morte como um acidente, e que certa linha do pensamento pode prosseguir na mente dos discípulos depois da morte corporal do mestre. O caso clássico seria Pitágoras, não?

Claro, isso estava justamente nessa filosofia, na qual se acredita que o espírito preexiste e continua existindo depois da morte.

E depois do indivíduo, é claro.

Naturalmente.

Porque, por exemplo, me parece que Aristóteles nunca fala de "Pitágoras", mas dos "pitagóricos". De modo que ele não tem certeza de que Pitágoras tenha pensado assim, mas seu grupo continua pensando por ele após a morte corporal.

Nisso haveria uma forma de comunidade espiritual, digamos.

Sim, ou seja, voltando ao que se supõe ser o nosso tema, a amizade; depois isso também continua em pessoas que não o conheceram pessoalmente: Pitágoras continua pensando através de muitas mentes, que são os pitagóricos, e que, sem dúvida, chegaram a pensar em coisas que ele não pensou.

Mas sempre no espírito do mestre.

Sim, por exemplo, acho que a ideia do tempo cíclico não aparece no pensamento de Pitágoras, mas foi professada pelos pitagóricos, como também pelos estoicos.

Também, sim. Agora, na sua própria vida, sr. Borges, sua amizade com Macedonio Fernández me parece inevitável, por exemplo.

Sim, foi uma amizade tutelar... Mas, que curioso, parece que a morte física convém a essas amizades, não? Uma vez que, bom, aquele famoso verso de Mallarmé: *"Tel qu'en lui même enfin l'éternité le change"* (Tal como em si mesmo a eternidade o modifica), referindo-se a Poe. Ou seja, quando alguém morre, temos uma imagem dessa pessoa que não está modificada pelas circunstâncias contemporâneas, e pode-se manejar essa imagem do jeito que quiser. De modo que poderíamos dizer que essa imagem do amigo seja talvez mais forte após a morte do amigo, e, além disso, podemos ajustá-la, não?

Melhorá-la?

E talvez melhorá-la, porque eu não sei como teria pensado, por exemplo, Xul Solar, de algum determinado acontecimento, mas o Xul Solar platônico teria pensado sobre isso da mesma maneira que nós.

Claro.

E o Macedonio platônico também, embora talvez, como indivíduo, não; bem, enquanto uma pessoa vive, ela está mudando, e é inapreensível. Por outro lado, quando morre, ela já tem a tranquilidade de uma fotografia, de uma imagem fixa.

Jaspers também diz que talvez todos os jovens aspirem a encontrar seu Sócrates na vida...

Ah, que linda essa ideia.

E estou pensando que quando o senhor fala da amizade tutelar de Macedonio, isso indicaria que o senhor encontrou algo assim nele.

Bom, muitos de nós encontramos isso em Macedonio, todos os discípulos dele − ou os interlocutores dele, que éramos seus discípulos −, naturalmente, já que sentíamos que ele era nosso mestre. Ele não gostava da ideia de ser mestre.

O que prova sua condição de mestre.

Sim, penso que sim. Por outro lado, acho que no caso do doutor Johnson, ou no caso contemporâneo de Gómez de la Serna, ou de Rafael Cansinos Assens, eles se sentiam como mestres de seu grupo. José Ingenieros também.

Ou seja, não era possível imaginar que Macedonio tivesse alguma intenção didática.

Não, como em Macedonio havia fundamentalmente curiosidades e dúvidas...

Ele compartilhava isso.

Sim, ele compartilhava isso. Mas, de fato, ele era o mestre, e as pessoas não iam para nos ouvir, mas para ouvir Macedonio Fernández.

De modo que não interessava que ele escrevesse ou não, porque tinha discípulos.

Sim, mas ele não os via como discípulos, e, além disso, como ele tinha o hábito de atribuir suas opiniões ao interlocutor, e dizia, por exemplo: "é perigoso falar de música sem saber o que pensou sobre esse tema Santiago Dabove" (*ri*). E tem muita gente que incorre no perigo de falar de música sem conhecer a opinião de Santiago Dabove, não? Que escreveu um livro de contos: *La muerte y su traje.*

Depois, muitas de suas amizades se vinculam com o trabalho, ou seja, o senhor trabalhou com muitos de seus amigos em colaboração, como no caso de Bioy Casares, e também com sua amiga Silvina Ocampo...

Descobri que as mulheres são excelentes para a amizade, que têm um admirável sentido da amizade.

Sim.

...Algo que muita gente nega, não sei por que... bem, claro, acho que as mulheres são mais sensatas e mais sensíveis que os homens... não sei se mais sensíveis, mas sim mais sensatas, geralmente, não? A prova é que uma mulher dificilmente é fanática, e um homem – sobretudo neste país – é facilmente fanático, por causas, bom, tão indefensáveis, que é necessário ser fanático para professá-las; caso contrário, não se entendem.

Além disso, costuma-se dizer que as mulheres são mais

JORGE LUIS BORGES E OSVALDO FERRARI

inofensivas no relacionamento de amizade que no relaciona- | 135
mento de amor; qual é a sua opinião?

Bem, o relacionamento de amor é um relacionamento vulnerável, não? E exige contínuas confirmações, e se não houver confirmações, há dúvidas, e se alguém passa uns dias e não sabe nada dela, se desespera. Por outro lado, alguém pode passar um ano sem saber nada de um amigo, e isso não tem nenhuma importância. A amizade, bem, a amizade não exige confidências, mas o amor sim. E o amor é um estado... de receio, é bastante incômodo, não? Bastante alarmante. Por outro lado, a amizade é um estado sereno, podemos ver ou não ver, saber ou não saber o que o outro faz. Agora, é possível que haja pessoas que sintam a amizade de um modo ciumento, mas eu não. Tem muita gente que sente a amizade como se sente o amor, e até desejam ser a única amizade da outra pessoa.

Isso é um erro, é a amizade possessiva, digamos.
Sim, e o amor costuma ser possessivo.

Claro.
Se não, se considera como traição. E a amizade não, ao contrário.

Agora, nos prólogos que o senhor escreveu para as obras de escritores como Alfonso Reyes ou Pedro Henríquez Ureña, ou até de outros que não conheceu pessoalmente, como Alma- fuerte ou Ascasubi, há uma espécie de afeto que só consigo relacionar com um sentimento de amizade.

Sim, é verdade. E no caso de Henríquez Ureña e de Reyes, também fomos amigos pessoais. Bom, antes, eu escre- via contra as pessoas, e agora não; há muito tempo que não escrevo uma só linha adversa, ou levemente hostil. Acho que não, acho que isso é inútil. Além do mais, bom, por exemplo, Schopenhauer pensava que Fichte era um charla- tão. Agora descobriram semelhanças entre as doutrinas de ambos os dois convivem na história da filosofia. De Quincey pensava muito mal de um escritor anterior, de Alexandre Pope. E agora podemos admirar os dois imparcialmente, não? De modo que, a longo prazo, a tradição é que triunfa, e a tradição é feita, sobretudo, de revoluções. O movimento romântico, por exemplo, se opõe ao grande século — ao século de Luis xiv; bem, e agora vemos Hugo, e devemos pensar em Racine ou em Boileau. E não pensamos que fossem inimigos.

Um triunfo da tradição.

Sim, e que forma uma espécie de unidade com esses elementos heterogêneos. E o que agora é heterogêneo para nós, dentro de muito pouco tempo pode ser um todo, já que tudo vai se tornando tradição. A história de uma literatura é a história de uma série de grupos adversos.

CHESTERTON

| 137

OSVALDO FERRARI — *Um de seus autores preferidos, sr. Borges, ainda não é suficientemente conhecido na Argentina, embora o senhor imaginasse que sua condição de católico talvez pudesse aproximá-lo de muitos argentinos; me refiro, naturalmente, ao seu venerado Chesterton.*

JORGE LUIS BORGES — Sim, claro, bem, essa condição de católico lhe foi prejudicial na Inglaterra, sim, e também talvez essa palavra cunhada por Bernard Shaw: o "ChesterBelloc", eram vistos como uma espécie de monstro — a associação dos nomes de Chesterton e de Hilaire Belloc também o prejudicou. Agora, penso que Belloc exerceu uma má influência sobre Chesterton; Belloc era um homem muito inteligente, mas facilmente fanático, e, por outro lado, a mente de Chesterton era uma mente muito generosa; ele teria sido tolerante, mas o outro o empurrava para o fanatismo e, como consequência, Chesterton é lido em função de suas opiniões. Isso é algo que sempre prejudicou os escritores. Por exemplo, há tantos casos: aqui Lugones tem sido julgado por suas opiniões políticas, e pelas dos seus últimos anos — esquecem que antes ele foi anarquista, socialista, partidário dos aliados durante a Primeira Guerra Mundial, e depois, finalmente, publicou *La hora de la espada*. E Kipling é visto em função do império britânico. Bem, Whitman é julgado favoravelmente, é claro, porque representa a democracia. As opiniões políticas são o que há de menos importante, são superficiais. E no caso de Chesterton, temos um homem de gênio, e... reduzi-lo a católico é uma injustiça. Lembro que Bernard Shaw dizia que a Igreja Católica, o Vaticano, era como um barquinho que soçobrava quando entrava Chesterton, que era enorme (*riem ambos*).

Todavia...

Bom, isso é só uma brincadeira, mas a verdade é que esquecem que Chesterton... por exemplo, ele escreveu — todo mundo sabe — contos policiais, mas, como uma vez me fez perceber Xul Solar, esses contos policiais são não só contos policiais, o que não seria uma desonra, já que Edgard Allan Poe inventou o gênero, que foi cultivado por Dickens, e... por Chesterton. Mas, esses contos também são muitas outras coisas, uma vez que cada conto de Chesterton, de alguma forma, é como um quadro, depois como uma peça de teatro, depois como uma parábola. Temos também as paisagens — os personagens aparecem como atores que entram em cena, e são sempre muito vívidos, visualmente vívidos. E há também a solução, que é sempre engenhosa, e, curiosamente, nunca se fala dos criminosos: o Padre Brown (o detetive dos contos de Chesterton) nunca denunciou ninguém na sua carreira. Não se sabe muito bem o que acontece com eles, já que o importante é o enigma, a solução engenhosa desse enigma. Além do mais, em cada conto policial de Chesterton se sugere uma explicação mágica. E penso que se o gênero policial morrer — e não é impossível que morra, já que o destino dos gêneros literários parece ser o desaparecimento —, bem, quando o gênero policial desaparecer, esses contos continuarão sendo lidos por causa da poesia que incluem, e, talvez, também por obra da sugestão mágica. Há um conto que se chama "O homem invisível", em que a solução está no final: é uma pessoa invisível porque é visível demais; trata-se de um carteiro que tem um uniforme vistoso, e que, como entra e sai todos os dias, é visto como um dos habitantes da casa. Mas também a pessoa que foi assassinada é um fabricante de bonecos mecânicos, que são empregados, e se insinua a possibilidade de que esse homem tenha sido devorado por essas bonecas e bonecos de ferro — solução

JORGE LUIS BORGES E OSVALDO FERRARI

sobrenatural. É possível que esses contos devam parte de sua força menos à explicação lógica do que a essa falsa explicação mágica dada por Chesterton, e que combina com o ambiente de cada casa. Por exemplo, o conto será diferente se acontecer nas Highlands (nas terras altas da Escócia), ou se acontecer num bairro de jardins, perto de Londres, ou se acontecer num escritório. Mas agora esquecem que Chesterton foi tantas outras coisas; por exemplo, ele foi um admirável poeta. Há nesse poema "The Ballad of the White Horse" (A balada do cavalo branco), que fala da guerra dos saxões com os escandinavos, publicado, me parece, em 1912; bem, esse poema é admirável, e está cheio de metáforas que Hugo teria adorado. Por exemplo, aquela que eu sem dúvida já citei alguma vez: o personagem é um viking que olha a Europa com cobiça, como se a Europa fosse uma fruta que ele vai saborear, e pensa em todas essas coisas extraordinárias que são o mármore e o ouro, e pergunta: "Com que comparar o mármore e o ouro?". Bem, Chesterton procura comparações impossíveis, mas por isso são mais eficazes, porque diz: *"Marble like solid moonlight"*, ou seja "Mármore como luz de lua maciça"; *"Gold like a frozen fire"*, ou seja "Ouro como fogo congelado". São impossíveis, mas justamente porque são impossíveis para a razão, são, bem...

...Possíveis para a poesia.

Possíveis para a poesia, possíveis para a imaginação do leitor, que aceita essas imagens impossíveis e não pensa que sejam impossíveis, já que a ideia de um "fogo congelado" é algo tão lindo; e, sobretudo, no inglês, que tem a aliteração no "f": *"Gold like a frozen fire"*, não é? Ele pensa que pode comparar o mármore e o ouro, que são coisas tão antigas, e encontra essas metáforas impossíveis — dessa forma encontra, talvez, o único modo de exaltar essas coisas — e elas têm tanta força justamente porque são antigas.

Ele faz a mesma coisa no poema "Lepanto".

...Sim, nesse poema, neste momento não me lembro de nenhuma metáfora, mas lembro de frases, como, por exemplo, *"Don Juan of Austria is shouting to the ships"* (Don Juan de Áustria está gritando aos navios); aos navios, não à tripulação.

Isso é muito lindo.

Sim, e quando descreve o paraíso monstruoso de Alá, ele diz que Deus — Alá — está caminhando entre as árvores, e acrescenta *"And is taller than the trees"* (E é mais alto do que as árvores), e assim tudo fica monstruoso, porque não imaginamos o paraíso dessa forma, não? Isso tem que ser um paraíso pagão, quer dizer, um paraíso malvado para Chesterton, eu acho. Que Deus esteja caminhando entre as árvores — o que lemos no primeiro capítulo do Gênese —, mas que seja mais alto que as árvores, isso já é algo terrível, monstruoso. E Chesterton acerta continuamente nesse tipo de coisas, e inclusive nos lugares mais inesperados; por exemplo, encontramos frases esplêndidas no livro sobre Blake, no livro sobre pintores, e também na história da Inglaterra, que pode ser essencialmente falsa, mas não importa, porque tudo está dito de uma forma tão bela, que desejamos que as coisas tenham sido assim, mesmo que provavelmente não tenham sido exatamente assim.

Até o livro sobre São Tomás de Aquino é extraordinário.

Sim, porque parecia impossível; me parece que Claudel estava bastante preocupado com a ideia de que Chesterton fizesse um livro sobre São Tomás de Aquino. Todavia, quando o fez... bem, Claudel foi um dos primeiros leitores de Chesterton, e pensou em traduzir "A inocência do Padre Brown", que foi admiravelmente traduzido ao espanhol por Alfonso Reyes. Claudel pensou em traduzi-lo... não, o que ele ia traduzir era *O homem que foi quinta-feira*; sim, foi feita uma tradução francesa desse livro.

Bem, em O homem que foi quinta-feira, *Chesterton se revela plenamente como escritor.*

Sim, e é curioso, porque é um livro gradativamente fantástico, ou seja, o primeiro capítulo é um pouco irreal, mas no final, quando Sunday (o chefe da sociedade anarquista) foge montado num elefante, isso já é plenamente fantástico.

Claro.

Mas vai entrando gradativamente; do imaginativo chega ao impossível, e o faz de tal forma que o leitor acredita no final, assim como acreditou nos primeiros capítulos. Isso que disse Coleridge, que a fé poética é uma suspensão voluntária ou complacente da incredulidade. E se a obra for forte, então não há nenhuma dificuldade em suspendê-la, porque se impõe. Sim, eu tenho pensado na história argentina... tenho pensado que podemos duvidar de todos os fatos que registra a história, salvo de um, que seria o assassinato do moreno por Martín Fierro. É impossível pensar que isso não tenha acontecido, foi escrito com tanta eficácia, não?

Ah, precisamente por isso?

Sim, penso que sim, eu posso duvidar de qualquer fato, mas dessa briga com o moreno... e no final:

> Por fim em uma trombada
> com a faca o levantei
> e como um saco de ossos
> contra um cerco o atirei.[1]

Evidente demais.

Sim, evidente demais; de todo o resto se pode duvidar, mas não da morte do moreno.

---

[1] Por fin en una topada/ en el cuchillo lo alcé/ y como un saco de huesos/ contra un cerco lo largué.

Mas, falando da eficácia literária, acho que Chesterton foi realmente eficaz nos contos policiais, porque desenvolveu um modo diferente de narrar...

Sim, porque existia a convenção de que os contos fossem contados por um amigo, não demasiado inteligente, do muito inteligente detetive, que vem a ser a técnica do primeiro conto policial: "Os crimes da Rua Morgue", de Poe. E depois isso é tomado por Conan Doyle, e faz com que, bom, o detetive não seja um engenhoso autômato e o narrador um anônimo, mas dois amigos que se gostam: Sherlock Holmes e o doutor Watson (evidentemente o doutor Watson é um bobo que continuamente fica maravilhado com o outro). E talvez, no caso de Conan Doyle, o fato de serem contos policiais seja o que menos importe; talvez o mais importante seja a amizade entre esses dois homens desiguais, não? E isso pode pertencer à velha tradição de Dom Quixote e Sancho, do doutor Johnson e de Boswell, embora Boswell o tenha feito deliberadamente, ou seja, ele foi, de propósito, o Sancho de Johnson, que era seu Dom Quixote. E ele mesmo caiu em ridículo porque queria criar essa dupla que agora continua vivendo e continuará vivendo para sempre na memória dos homens. E, no caso de Chesterton, temos tantas coisas... temos o livro sobre São Francisco de Assis, o livro sobre Santo Tomás de Aquino. Ele disse que no caso de São Francisco basta um esboço, um desenho, mas que, no caso de São Tomás, se deveria pensar, na realidade, num plano, no plano de um grande edifício. E, de alguma forma, isso já define os dois.

Evidentemente.

Também temos os livros de crítica de Chesterton, por exemplo; há um livro sobre Browning e outro sobre Dickens na famosa coleção de livros Everyman's Library. Ali foi publicada toda a obra de Dickens, e os prólogos são de Chesterton, e lhe pagaram algumas libras esterlinas.

Quanto à poesia de Chesterton, o senhor considera como desvantagem o fato de que, às vezes, ele constrói seus poemas em forma de parábolas, mas existe certa evidência da construção intencional, ou seja, há algo um pouco armado em seus poemas.

Ou seja, Chesterton também era um poeta intelectual.

Acho que sim.

Sim, mas isso poderia ser usado contra Chesterton: o fato de que, depois de ler um poema, de admirá-lo, de senti-lo e de se emocionar com esse poema, percebamos que ele já tinha o argumento do poema *in mente* antes de redigi-lo. E não sei se convém que um poema se pareça com... com um jogo de xadrez, por exemplo, ou que o poema pareça uma narração. E isso costuma acontecer com Chesterton, sim, percebe-se que desde o começo ele está trabalhando rumo ao final, e talvez isso seja muito notório.

Digamos que ele não tinha paciência de esperar a revelação (ri).

Não (*ri*).

O LIVRO DO CÉU E DO INFERNO

OSVALDO FERRARI — *Uma das primeiras conclusões que me propõe seu livro compilado com Bioy Casares, o* Libro del cielo y del infierno, *é que o senhor, assim como outros autores apresentados no livro, recusa a ideia de um céu e de um inferno.*

JORGE LUIS BORGES — Sim, porque, pessoalmente, acho que não sou digno de recompensas nem de castigos. Agora, um personagem de Bernard Shaw, Major Barbara, diz: "Deixei para trás o suborno do céu". Então, se o céu é um suborno, o inferno é evidentemente uma ameaça, não? E ambos parecem indignos da divindade, já que, eticamente, o suborno é uma operação muito baixa... e o castigo também.

O conceito de prêmios e castigos.

Ou de ameaças, a ideia de um deus que ameaça me parece ridícula; se num homem que ameaça já é ridícula, então numa divindade... certamente, e a ideia de um prêmio também é errada, porque se agirmos bem, se entende que o fato de ter agido bem, de ter uma consciência tranquila já é um prêmio, e não precisa de prêmios adicionais, e muito menos prêmios imortais ou eternos. Mas... tudo é tão incrível... Meu pai me dizia: "Este mundo é tão estranho que tudo é possível, até a Trindade". Uma espécie de *reductio ad absurdum*. Agora, eu, algumas noites atrás, tive um pesadelo terrível, tão terrível que não me atrevo a contá-lo, porque se o conto, terei que me lembrar dele, e penso que meu dever é esquecer os pesadelos. Todavia, no pesadelo há um horror que não se manifesta na vigília, nem em momentos espantosos; e eu cheguei a temer que nossos pesadelos sejam como *glimpses*, como olhadas do inferno que possa nos esperar. E talvez cada um de nós esteja criando, de alguma forma, seu próprio inferno, por obra de seus pesadelos, e seu céu através de sonhos felizes. Mas, enfim, essa é uma hipótese meramente fantástica, seria bom se pudesse oferecer alguma vantagem literária. Acho que não, também não penso escrever um conto sobre isso, mas sua única virtude seria essa. Imagino que, para cada pessoa, o deleitável e o terrível correspondam a imagens distintas. Nesse caso, para cada um de nós há alguma coisa que é especialmente terrível. Por exemplo, bem, para María Kodama, as serpentes são especialmente terríveis, ela vê uma serpente e sente pavor. E eu, claro, não acho que sejam especialmente belas, mas não sinto um nojo ou um temor especial; e outras pessoas sim. Coleridge dizia que, na vigília, as emoções são criadas pelas imagens. Por exemplo, se um leão entra aqui, sentimos medo do leão, e se uma esfinge pousa sobre nosso peito, sentimos certa opressão. Por outro lado, no pesadelo, começamos pela emoção ou pela sensação, e depois se procura um símbolo para isso: se ao dormir eu sinto uma opressão, que pode ser a de um lençol, ou a do cobertor, então eu sonho que uma esfinge se sentou sobre mim. Essa esfinge não é a causa da opressão, mas é a opressão que me sugere a esfinge. Ou seja, começamos pela emoção... bom, também se disse que quando estamos apaixonados, a imagem da mulher é um pretexto para a emoção prévia, não? Há um exemplo literário ilustre: a tragédia de *Romeu e Julieta*. Romeu vai a um baile à procura de uma mulher pela qual está apaixonado, digamos: ele vai predisposto ao amor. E depois vê Julieta, e ao vê-la, fica deslumbrado, e diz que Julieta "ensina as tochas a brilhar", e se apaixona por ela porque estava predisposto para o amor, e como ele já tinha a emoção... bem, aparece outro símbolo, que não é a mulher que ele procurava, mas Julieta, e se apaixona por ela. Agora, isso viria a ser aplicável... bem, a tantas coisas.

O LIVRO DO CÉU E DO INFERNO

Certo, agora, essa ideia do pesadelo, essa ideia de que até na terra podemos chegar a passar uma temporada no inferno.
A ideia de Rimbaud.

A ideia de Rimbaud, mas me parece vê-la claramente em seu conto "El Sur".
Ah, é possível.

No que acontece a seu personagem, Dahlmann, antes da viagem.
Ah, certamente, neste caso teríamos que supor que a segunda parte do conto é alucinatória, que é o que eu penso. Mas, enfim, minha opinião não vale mais do que a de qualquer outro leitor, não?

Bom...
Quando escrevi esse conto, eu tinha lido Henry James, e pensei: vou aplicar esse procedimento de James, de escrever contos deliberadamente ambíguos... Então, eu escrevi esse conto com um ambiente completamente alheio a Henry James, já que esse ambiente corresponde à província de Buenos Aires, e é um ambiente de *gauchos*, sobre o qual ele nunca deve ter ouvido falar na sua vida. Mas, pensei: "vou aplicar esse método". Agora, eu estava lendo um livro sobre Melville, e tem um conto dele que ainda não foi possível explicar; e comentam que ele fez um conto deliberadamente inexplicável como símbolo cabal do mundo, que também é inexplicável.

Que notável.
Não sei se isso é verossímil, parece estranho que alguém escreva um conto inexplicável, mas ele pensava que, já que o mundo em que vivemos é inexplicável — pelo menos para nós — o melhor símbolo seria... esse conto se chama "Benito Cereno", agora eu me lembro, e acontece na costa do Chile, ou em uns barcos que estão perto da costa do Chile. E o protagonista é espanhol, se chama Benito Cereno. Não sei se existe esse sobrenome ou se Melville o inventou e acho que,

para ele, soava como espanhol. E então o conto viria a ser um símbolo cabal do inexplicável universo em que estamos.

Sim, voltando ao livro que compilou com Bioy Casares, entre os primeiros textos há um muito breve que ilustra muito bem a ideia de que a devoção a Deus não deve ser resultado de imaginarmos o céu ou o inferno, mas o próprio Deus.

É de algum místico persa?

É de Attar.

Ah, claro, o autor do *Colóquio dos pássaros*, é um famoso poeta persa, sufi, ou seja, os místicos muçulmanos. Quanto à palavra "sufi", há duas etimologias: uma que parece se relacionar com lã, porque os sufis cobrem-se com lã, e outra, que é muito melhor — pelo menos a nossa imaginação a aceita com mais facilidade — que é a ideia de "sofia", sabedoria. De modo que essa palavra persa viria a ser uma corrupção da palavra grega "sofia". Qual é o texto?

É bastante breve, e diz: "Senhor, se te adoro por temor do Inferno, queima-me no Inferno, e se te adoro por esperança do Paraíso, exclui-me do Paraíso, mas se te adoro por ti mesmo, não me negues tua imortal formosura".

Bom, seria uma versão muito mais linda daquele famoso soneto:

> Não me move, meu Deus, para querer-te
> o céu que me está prometido,
> nem me move o inferno tão temido
> para deixar por isso de ofender-te.[1]

... que escreveu *Santa Teresa*, embora não seja dela, não?

É anônimo.

Sim, mas chega a uma conclusão triste, que é a ideia de que ela ama Deus só porque, bom, por piedade pelo sofrimento humano de Cristo, porque diz:

[1] No me mueve, mi Dios, para quererte/ el cielo que me tienes prometido,/ ni me mueve el infierno tan temido/ para dejar por eso de ofenderte.

O LIVRO DO CÉU E DO INFERNO

Tu me moves, Senhor; me move ver-te
pregado em uma cruz e escarnecido.[2]

Seria muito triste ter simplesmente pena de Deus nesse momento, já que, na sua eternidade, o episódio da cruz e o de ter sido homem devem ter sido ínfimos, devem ter sido apenas um instante em sua eternidade. Mas a ideia é mais ou menos essa, não? Ou seja, a ideia de recusar aquilo que Shaw chamava de o suborno do céu e a ameaça do inferno.

Depois diz:

> *Move-me, enfim, teu amor, e de tal maneira*
> *que ainda que não houvesse céu eu te amaria*
> *e ainda que não houvesse inferno te temeria.[3]*

Sim, vem a ser como uma versão... mas penso que o persa o disse melhor.

Sim, é muito mais bonito; no entanto, os dois esclarecem muito a ideia, ou seja, é a mesma ideia.

Sim, a ideia é a mesma.

E depois temos seu próprio poema.

Ah, não sei disso...

"Del infierno y del cielo".

Bom, sim, nesse poema eu imagino que o inferno e o céu são a imagem de um rosto.

Sim.

E que esse rosto, que talvez seja o nosso, ou talvez o da amada, como eu digo, pode ser terrível ou pode ser belo, ou pode ser muito grato segundo nosso sentimento. Mas o inferno e o céu estariam reduzidos a uma única imagem.

Na última estrofe diz:

---

[2]Tú me mueves, Señor; muéveme el verte/ clavado en una cruz y escarnecido.

[3]Muéveme, al fin, tu amor, y en tal manera/ que aunque no hubiera cielo yo te amara/ y aunque no hubiera infierno te temiera.

No cristal de um sonho vislumbrei
o Céu e o Inferno prometidos
quando o juízo retumbe nas trombetas
últimas e o planeta milenário
seja obliterado e bruscamente cessem
oh, Tempo! Tuas efêmeras pirâmides... [4]

Bem, essa é uma reminiscência de Shakespeare, porque Shakespeare fala do tempo e suas pirâmides.

Termina dizendo:

as cores e linhas do passado definirão
nas trevas um rosto
dormente, imóvel, fiel, inalterável
(talvez o da amada, quiçá o teu)
e a contemplação desse imediato
rosto incessante, intacto, incorruptível,
será para os réprobos, Inferno;
para os escolhidos, Paraíso. [5]

Sim, aí está dito, mas de um modo explícito demais, não?

Sim, me parece que ali ecoa Swedenborg.

Sim, talvez fosse conveniente reescrever o poema e torná-lo um pouco mais enigmático; parece muito trabalhado.

Não me parece, gosto muito dele como está.

Alguns amigos me disseram que esse poema fracassa porque o trabalhei muito, ou porque o trabalhei com um conceito equivocado.

[4] En el cristal de un sueño he vislumbrado/ el Cielo y el Infierno prometidos/ cuando el juicio retumbe en las trompetas/ últimas y el planeta milenario/ sea obliterado y bruscamente cesen/ oh, Tiempo! tus efímeras pirámides.

[5] los colores y líneas del pasado definirán/ en la tiniebla un rostro/ durmiente, inmóvil, fiel, inalterable/ (tal vez el de la amada, quizá el tuyo)/ y la contemplación de ese inmediato/ rostro incesante, intacto, incorruptible,/ será para los réprobos, Infierno;/ para los elegidos, Paraíso.

O LIVRO DO CÉU E DO INFERNO

Sem pretender elogiá-lo, lhe digo que não vejo esse fracasso, me parece muito eficaz.

Não sei, eu o escrevi já faz tantos anos que estou resignado a ele. Eu o tinha esquecido completamente, não pensei que o senhor fosse me fazer lembrar dele; há tantos anos que ninguém me fala dele, e que eu não o recordo, que vem a ser como uma revelação desta manhã.

LUCRÉCIO

OSVALDO FERRARI — *Dentre os clássicos latinos, sr. Borges, o senhor comentava que não se concebe Lucrécio e seu* De rerum natura *sem a existência dos filósofos gregos.*

JORGE LUIS BORGES — Sim, evidentemente. Agora, é claro que Lucrécio tem sido... bem, deliberadamente esquecido, sim, porque o fato de cantar o ateísmo, de querer liberar os homens do terror de outra vida, bem, isso não pode merecer a aprovação dos crentes. Todavia, uma exceção notória seria Victor Hugo, que em seu livro *William Shakespeare* faz uma lista, uma espécie de catálogo comentado, muito eloquente, de grandes poetas, e aí exclui Virgílio e inclui Lucrécio. E, curiosamente, esse conceito da infinitude do mundo, o conceito do infinitamente grande, do infinitamente pequeno, que provocava uma espécie de vertigem em Pascal, na verdade entusiasmava Lucrécio: a ideia de um espaço infinito, de infinitos mundos. Tudo isso foi visto por ele com entusiasmo. Lembro, quando li *O declínio do Ocidente*, de Spengler, que ele se refere à cultura apolínea, à cultura da caverna, à cultura fáustica, e identifica como sendo típico da cultura fáustica esse fato de, bom, de se entusiasmar com um mundo infinito, com infinitas possibilidades, e tudo isso já estava em Lucrécio, muito antes de que existisse o autor do *Fausto*, ou de que se pensasse nesse espírito. Mas me parece que os alemães, quando escrevem... — todo alemão que escreve tem a obrigação de fingir que tudo o que escreveu estava realmente na obra de Goethe; então, é natural que essa forma atual da cultura seja chamada de "fáustica". Bom, agora, naquele livro, Hugo inclui Lucrécio, e cita um verso — não sei se está certo:

Então, Vênus, nas selvas
unia os corpos dos amantes.

E percebemos como ambas as imagens se entrelaçam e também se apoiam, não?

Sim.

Porque a selva sugere a ideia de árvores que se unem, e os corpos dos amantes também; a própria palavra "selva" é uma palavra misturada, digamos, não é?

Sim, de qualquer forma, o resultado é perfeito.

O resultado é perfeito, sim; lembro que ele cita esse verso de Lucrécio. Agora, não sei como chegou a se criar a lenda que diz que Lucrécio morreu louco. E há um poema de Tennyson sobre isso, mas, possivelmente, tudo surja da ideia de que alguém que escreveu contra os deuses, ou contra a religião, tem que ser castigado. E criou-se essa lenda.

Contra Lucrécio.

Sim, e ele escreveu aquele grande poema em que defende o sistema de Epicuro. Ele fala dos átomos e, como disse Fitzgerald, com os átomos mais duros consegue fazer poesia. E isso é verdade, porque é um poema filosófico, é uma exposição do sistema filosófico do materialismo, bem, segundo o qual o mundo é originado por um movimento oblíquo dos átomos. E então ele faz um grande poema com isso, e começa com uma saudação a Vênus, que, evidentemente, representa o amor; não é simplesmente, digamos, uma deidade, mas se entende que essa Vênus não obedece a uma mitologia, mas, bem, ao fato do amor, da vontade de prosseguir...

De união.

Sim, de se multiplicar, tudo isso, sim.

Agora, o materialismo de Lucrécio é particular...

Ele acredita no materialismo, digamos, entusiasta, no sentido de que se entusiasmar significa se encher de Deus.

O materialismo de Lucrécio vem a ser um materialismo entusiasta, um materialismo cheio de Deus, ou viria a ser também a ideia do panteísmo. Mas, curiosamente, há uma linha de Virgílio em que ele fala do panteísmo — a palavra não existia, é claro, já que essa palavra foi criada na Inglaterra depois da morte de Spinoza. Naquele verso, Virgílio diz: "*Omnia sunt plena jovis*" (todas as coisas estão cheias da divindade). É a mesma ideia. E depois, quando Lucrécio fala do temor à morte — lembro que ele acredita na morte corporal e também na morte da alma; então, ele diz que os mortais podem pensar: "Vou morrer e o mundo continuará". E agora volto novamente a Victor Hugo, que justamente lamenta isso num poema em que diz: "Eu partirei sozinho, no meio da festa". Agora, Lucrécio diz que isso é verdade, que haverá um tempo infinito após a morte, não estaremos pessoalmente ali, mas que, no final, por que se lamentar desse tempo infinito, posterior à morte, e que não será nosso, se não nos lamentamos do tempo infinito anterior a nossa morte, que também não compartilhamos? E então, ele diz: "E onde estava você durante a guerra de Troia?" (*ri*). Portanto, se você não se importa de não ter estado na guerra de Troia, por que se importar de não estar depois em outras guerras e em outras circunstâncias, não?

Ele acreditava na eternidade da matéria, isso é o curioso. Na eternidade da matéria, sim.

Diferentemente do idealismo de Virgílio, esse materialismo de Lucrécio era, embora pareça inconcebível, um materialismo com fé, poderíamos dizer.

Um materialismo com fé, sim, mas é que esses dois fatos costumam se manifestar... Caramba, parece que estamos condenados a falar de autores argentinos. Por que condenados natural que falemos de autores argentinos (*ambos riem*): o caso de Almafuerte, por exemplo, que era um místico sem Deus.

Claro, é verdade.

Ou o caso de Carlyle, na Inglaterra; também um místico ateu, um místico sem Deus, ou, pelo menos, sem um deus pessoal. De modo que seriam dois casos... sim, podemos ser místicos e não acreditar na divindade, ou acreditar, digamos, numa divindade geral do espírito, uma divindade imanente em cada homem, ou seja o que for, mas não em outro deus, em outro Senhor, como em outra pessoa.

Sim, em consequência, Lucrécio propunha viver a vida da melhor maneira possível, e não se iludir com algo além da morte, como bom seguidor de Epicuro.

Sim, bom, isso é o que eu tenho tentado fazer, mas tenho certeza de ter sido sempre um homem ético, de qualquer forma, acredito... mas eu iria mais longe, diria que esperar uma recompensa ou temer um castigo é algo imoral, porque se você agir bem porque será recompensado, ou pelo temor a ser castigado, não sei até que ponto a sua boa ação é uma boa ação, não sei até que ponto isso é ético. Eu diria que não, que se tememos castigos e esperamos recompensas, já não somos homens éticos.

Sim, nesse caso se trata de uma eternidade condicionada, de uma imortalidade condicionada, mas...

Bom, ao falar de imortalidade condicionada, voltarei a Goethe. Goethe acreditava na imortalidade da alma, mas não de todas as almas; Goethe pensava que há determinadas almas — entre as quais provavelmente incluía a sua — que eram dignas de perdurar após a morte corporal, mas outras não, ou seja, segundo a vida que levarmos, poderemos merecer ser, bem, imortais, ou, pelo menos, prosseguir outra vida após a morte; caso contrário... nos deixam cair. Agora, que estranho que esse fato de cair da vida seja o ideal que o ensinamento do Buda propõe, já que o nirvana é cair da roda, da roda...

Cármica das encarnações.

Sim, e o máximo a que o homem pode aspirar, segundo o "Pequeno Veículo", segundo o budismo originário, é cair da roda, é não reencarnar.

Claro.

E parece que o budismo não exige uma aceitação intelectual; não, exige algo que parece muito mais difícil, e é que no momento em que morremos, não queiramos continuar... que realmente decidamos não prosseguir.

Implica essa vontade.

Sim, ou seja, aceitar a morte, bem, com hospitalidade, e talvez com alegria também, ou seja, aceitar a morte.

Isso ajuda o nirvana, digamos.

Exato, parece que o que menos importa no budismo é aceitar intelectualmente a doutrina; o fato é aceitá-la, digamos, intimamente, essencialmente. E sem essa aceitação, a outra é inútil: você pode pensar que é discípulo de Buda, você pode aceitar todos esses ensinamentos, mas se você não os incorpora intimamente, você está condenado a uma reencarnação. De modo que tem que ser uma aceitação plena, total. E o resto não tem maior importância.

Trata-se de uma aceitação mais espiritual que intelectual, digamos.

Sim, sobretudo espiritual.

Há um idealismo contra o qual Lucrécio se defronta, e é justamente o idealismo de Platão...

Ah, claro, o idealismo de Platão supõe as formas universais.

Sim, e ele vai contestando Platão passo a passo, e chega a se ver obrigado, por exemplo, a afirmar que os sentidos não podem errar, que os sentidos são infalíveis.

Sim, e isso é falível, é claro. Bom, conforme a ciência atual, o que percebemos, o que nossos sentidos percebem, não tem nada a ver com a realidade. Por exemplo, vemos esta mesa, mas, na realidade, esta mesa é um espaço em que

LUCRÉCIO

há algo assim como sistemas de átomos que giram. Ou seja, que não tem nada a ver com a mesa visível, nem com a mesa tangível. A realidade é algo completamente distinto do que nos dão nossos sentidos.

(Ri) *A realidade é invisível.*
É invisível, e é inaudível *(ri)*, incomível, intangível...

Agora, Lucrécio acrescentou que o Sol, a Lua e outros astros eram do mesmo tamanho que os vemos da Terra, e esta é uma falha evidente dessa crença na infalibilidade dos sentidos. Ele chegava a pensar que se os sentidos erravam, errava a razão.

Sim, por que não? O fato de ter sido um bom poeta é inquestionável; o de ter sido um mal físico é menos importante, não?

(Ri) *Claro.*
De modo que ele tinha que afirmar tudo isso... Agora, evidentemente para nós, apesar de termos algum conhecimento da astronomia, o Sol continua saindo e continua se pondo, e sabemos que não, sabemos que é a Terra que gira, mas para nossos sentidos, é o Sol que gira. Podemos falar da saída do Sol, do nascente, do poente, do alvorecer, da aurora, do ocaso, e tudo isso é fiel à nossa imaginação. E o que me parece que Lucrécio refuta em alguns versos é essa ideia da história cíclica; há uma referência a isso, digo, ao tempo circular...

Ao tempo dos estoicos.
Sim, ele supõe que o universo continua, mas que não está sujeito à vontade de ninguém, não? Que tudo, bem, se origina desse choque arbitrário dos átomos.

Por isso dizíamos que ele acreditava que a matéria era eterna, que toma diversas formas através das formas que tomam os átomos permanentemente.

E até recentemente acreditava-se nisso; me parece que

agora se acredita na entropia, ou seja, se supõe que o universo está perdendo alguma força, e que chegará um momento em que ficará imóvel, não é? De modo que isso viria a ser o contrário, ou algo diferente da crença dele.

Que curioso, sr. Borges, que os clássicos latinos nos tenham levado até a entropia.

É verdade.

158 | SOBRE A FRANÇA

OSVALDO FERRARI — *Geralmente, quando falamos da França, o senhor costuma lembrar o país eminentemente literário, o país da tradição literária formal, ou o país da literatura, digamos.*
JORGE LUIS BORGES — Sim, e o país das escolas literárias. Isso significa que os franceses, os escritores franceses, querem saber exatamente o que estão fazendo; por isso um escritor se adianta aos historiadores da literatura: o escritor se classifica e escreve em função dessa classificação. Por outro lado, a Inglaterra é um país de indivíduos — são individualistas —, eles não estão interessados na história da literatura, e também não querem se definir, mas parece que se expressam... bem, espontaneamente, não? E na França, bom, um país... são pessoas inteligentes, lúcidas, muito interessadas na ordem, e, sobretudo, acreditam na história da literatura, acreditam na importância das escolas. Por isso você vê que a França é o país dos manifestos literários, dos cenáculos, das polêmicas, e tudo isso é relativamente estranho em outros países: escolho o exemplo da Inglaterra, porque, como disse Novalis: "Cada inglês é uma ilha". Cada inglês é um indivíduo, e não se preocupa muito com a classificação que pode ter na história da literatura, ou seja, um livro como o de Thibaudet, em que se estuda a literatura francesa, e se estuda bem, se estuda por gerações, e isso não é insensato. Por outro lado, me parece que em outros países isso sim seria insensato. Mas no caso da França não. Agora, isso não significa que a França careça de imaginação, de invenção, não, significa que, normalmente, o escritor quer saber o que está fazendo, que o escritor está interessado na teoria de sua obra. E em outros países parece que a teoria interessa me-

nos, que interessa mais a execução da obra, ou a imaginação 159
da obra. Mas esse seria um argumento, na verdade, a favor
da França.

Claro.

A favor da razão, da lucidez da mente da França. Mas
isso não significa que a França careça de, bom, de figuras
um pouco inexplicáveis: não sei até que ponto um escritor como Rabelais, ou um escritor como Rimbaud, que era
simbolista, ou um escritor como Léon Bloy correspondem a
uma tradição. Mas eles teriam gostado da ideia de uma tradição da história da literatura. Atualmente, eu descreio das
escolas. Flaubert também chegou a descrer, porque Flaubert disse: "*Quand un vers est bon, il perd son style*" (Quando
um verso é bom, perde seu estilo), e me parece que também
disse que um bom verso de Boileau — que viria a representar
a tradição clássica, a tradição do século de Luis XIV — vale o
mesmo que um bom verso de Hugo — que é romântico. Mas
eu iria mais além, eu diria que quando um verso é bom,
sim, perde a escola, e, além disso, não importa quem o escreveu, nem a data em que foi escrito. Ou seja, os bons versos,
os as boas páginas são as que talvez não se deixem captu-
rar facilmente pelos historiadores da literatura. E eu tento
escrever, digamos, atemporalmente, embora saiba que, de
fato, não posso fazê-lo, uma vez que um escritor não tem
por que se propor ser moderno, já que fatalmente ele o é:
pelo que eu sei, até agora ninguém viveu no passado nem
no futuro; cada indivíduo vive no presente, no seu presente.
E esse presente é muito difícil de ser definido, justamente
porque é algo que está tão perto de nós, é invisível, e é tão
diverso que é inexplicável. Não acredito que sejamos capazes de entender nossa história presente; mas talvez, bom, o
século XXI — se aceitarmos essa classificação, um pouco arbitrária, em séculos — poderá entender o que acontece agora.
Nós não, temos que viver e padecer as coisas; e de tudo isso,
o mais vívido é evidentemente o presente.

SOBRE A FRANÇA

Certamente, mas o caso da França é muito especial; estou me lembrando de que quando falamos de James Joyce, comentamos que em Ulisses *e especialmente em* Finnegans wake *Joyce tentava realizar algo assim como um juízo final da literatura...*

E, sobretudo, do romance, não? Sim, acredito que Joyce deve ter pensado que *Ulisses*, e posteriormente *Finnegans wake*, são livros finais. De alguma forma, quando ele fecha seu livro, fecha toda a literatura anterior. Ele deve ter sentido isso, embora depois a literatura continue...

Mas acredito que há muitos escritores e poetas franceses que devem ter pensado como Joyce.

A ideia de um livro definitivo?

Sim, ou que foram o que se chamou revolucionários dentro de um estilo ou de uma escola, mas que, finalmente, como o senhor diz, a tradição histórica da academia ou das escolas francesas acabou incorporando-os.

Sim, mas é que a tradição é feita justamente dessa...

Dessa dialética?

Sim, dessa dialética, ou do fato de que quando algo acontece, passa a pertencer à história. Achei engraçado que atualmente, na Itália, há um museu futurista, e, mais curioso ainda, há neofuturistas, ou seja, naturalmente, o futurismo tinha decidido a destruição dos museus, a destruição das bibliotecas, como o primeiro imperador Shih Huang Ti na China. Bom, e, no entanto, agora o futurismo também é uma peça de museu. Não sei se isso teria alegrado ou entristecido os fundadores do futurismo; talvez os tivesse entristecido. Mas, como esse presente queria ser o futuro, e todos os tempos, inclusive o futuro, serão passado; tudo será tema da história, tudo será peça de museu. E o que eu disser contra a história será também um fato histórico, e serei estudado em função desta época, e de circunstâncias... bem, sem dúvida, sociais, econômicas, psicológicas; pelo jeito, por enquanto, estamos condenados à história. Agora, se pudéssemos nos esquecer da história, tudo mudaria. Mas não sei se isso seria importante, já que a linguagem é um fato histórico, ou seja, podemos esquecer o latim, mas o que o senhor e eu estamos falando, sr. Ferrari, é, de alguma forma, um dialeto latino.

Claro que sim.

De modo que a história nos alcança. Mas há épocas que têm menos sentido histórico que outras: atualmente temos fortemente desenvolvido o sentido histórico, o sentido geográfico também, e o político. Mas tudo isso pode desaparecer, e espero que desapareça ou que se atenue.

Por isso Murena falava da arte, no escritor, de ela se tornar anacrônica, ou contra o tempo.

Não sabia isso, mas a ideia é correta.

Acho que sim.

Bom, Bioy Casares e eu lançamos uma revista secreta — de uns duzentos exemplares, me parece —, que se chamava *Destiempo*; justamente não queríamos ser contemporâneos.

É a mesma ideia.

Sim, mas ao dizer "destiempo", já estávamos... esse título corresponde, sem dúvida, a uma determinada época. Da mesma forma que, atualmente, o futurismo... bem, se confunde com algo tão antiquado como "*L'art nouveau*", que se chamou "A arte nova", e que agora nos parece, bom, completamente obsoleta, não? Ou algo muito velho, já que parece que o passado próximo, que o passado imediato se vê como mais arcaico, digamos, ou primitivo. Se sente, sobretudo, essa diferença.

Por outro lado, me parece que o senhor afirmou que a vida literária é mais consciente na França do que em outros países.

Sim, e por esse motivo há escolas, e, além disso, os escritores escrevem em função dessas escolas e dessa época. E agora é muito comum a ideia de um compromisso do escritor com sua época, mas penso que não é necessário que o

SOBRE A FRANÇA

escritor o contraia. Ou seja, eu, por mais independente que acredite ser, por mais anarquista que seja, estou, evidentemente, escrevendo em 1985, e estou usando uma linguagem que corresponde a esta época. De modo que também não podemos nos evadir da nossa época.

É ineludível.

É ineludível, de modo que não há necessidade de procurá-la, não é? Somos, fatalmente, incuravelmente modernos, não podemos ser de outra maneira.

Então, a França é como a Irlanda dos antigos celtas, que mencionamos antes, outro exemplo da vida literária organizada rigorosamente.

Sim, e de gente muito consciente que quer saber o que faz, e até quando são extravagantes sabem o que são. Por outro lado, em outros países, pode se manifestar algo talvez mais inocente do que na França; talvez as pessoas possam ser extravagantes sem saber, ou sem se propor a sê-lo. Por outra parte, enquanto os outros países escolheram um escritor para representá-los, a vida literária na França é tão rica que sempre houve pelo menos duas tradições contemporâneas, sempre, de modo que não puderam se restringir a uma.

Se eu penso no século XIX na França, acho que suas preferências seriam... tento adivinhar: Verlaine na poesia e Flaubert no romance, me parece.

Sim, sobretudo Verlaine na poesia, porque... talvez Flaubert vigiasse demais sua obra, não? E penso que não era muito inventivo... Mas não sei em que outro romancista francês poderíamos pensar... Agora, no caso de Verlaine, por que deveria nos interessar a escola simbolista? ta? T possa não nos interessar em absoluto, mas Verlaine sim, deve nos interessar. E o próprio Verlaine riu dos simbolistas, porque uma vez um jornalista lhe falou sobre o simbolismo, e ele disse: "Eu não entendo alemão". Achava a palavra *simbolismo* abstrata demais.

JORGE LUIS BORGES E OSVALDO FERRARI

E no caso de Flaubert, me parece que o senhor vê nele a atitude exemplar do escritor frente à literatura.

Sim, a ideia da literatura... bem, como um ato de fé, como algo que se pratica, bem, que se exerce com rigor e com abnegação. E talvez isso possa ter resultados menos felizes que os do escritor que se entrega à escrita, que se compraz na escrita, que brinca um pouco com ela. E eu não acredito que Flaubert brincasse com a escrita, talvez fosse um sacerdote demasiado consciente de ser um sacerdote para fazê-lo bem, não é? Talvez lhe faltasse essa inocência que eu penso que é necessária, e que, apesar de tudo, encontramos em Verlaine, não? Já que Verlaine, pensamos em seu destino, pensamos em certas perversidades, mas não importa; assim como Oscar Wilde, Verlaine é uma criança que brinca. E aqui lembro essa frase tão bela de Robert Louis Stevenson que já devemos ter citado mais de uma vez, que disse: "Sim, a arte é um jogo, mas deve-se jogar com a seriedade de uma criança que brinca".

Ah, mas que bom.

Ou seja, a criança brinca gravemente, a criança não ri do seu jogo, e isso está certo, não é?

É um jogo sério, é claro.

Sim, é um jogo sério; aí estão unidas as duas ideias: a ideia do jogo, de *homo ludens*, e, ao mesmo tempo, a ideia de que todo jogo exige determinadas regras para existir. E a literatura também tem suas próprias leis, embora, diferentemente do jogo de xadrez, por exemplo, suas leis não estão completamente definidas. Na literatura tudo é tão misterioso, para mim é como uma espécie de magia, jogamos com palavras, e, fundamentalmente, essas palavras são duas coisas ou várias coisas: cada palavra é o que significa, depois, o que sugere, e depois, o som. E temos ali esses três elementos que fazem com que cada palavra seja muito complexa. E como a arte, como a literatura consiste em combinar essas

SOBRE A FRANÇA

164 | palavras, tem que haver uma espécie de equilíbrio entre es-
ses três elementos: o sentido, a sugestão, a cadência. Esses
são três elementos essenciais, e, sem dúvida, se esta conversa
se prolongar um pouco mais, poderemos encontrar outros
(*ambos riem*), já que a literatura é tão secreta; é evidente
que a retórica não a esgota.

MARK TWAIN, GÜIRALDES E KIPLING

OSVALDO FERRARI — *O senhor encontrou correspondências entre três romances que vêm de escritores e lugares completamente distintos entre si:* Huckleberry Finn, Don Segundo Sombra, *e* Kim.

JORGE LUIS BORGES — Sim, seriam os três elos, o andaime, digamos, o *framework*, nos três livros encontramos a ideia de uma sociedade e de um mundo vistos através de duas pessoas distintas, que em *Huckleberry Finn* seria o negro fugitivo e o rapaz e todo esse mundo dos Estados Unidos anterior à Guerra Civil. Agora, eu acho que Kipling, que professava o culto a Mark Twain, e que chegou a conhecê-lo — Twain lhe ofereceu um cachimbo de *marlo*[1]... Não lembro a data exata de *Huckleberry Finn*, mas me parece que é de mil oitocentos e oitenta e tantos. E depois, em 1901, se publica *Kim*, e esse livro foi escrito por Kipling na Inglaterra, durante as chuvas, com saudade da Índia. E aí temos um mundo muito mais rico que o de *Huckleberry Finn*, porque corresponde ao vasto mundo da Índia e dos dois personagens — Kim e o lama. Além disso, há uma espécie de argumento, porque se entende que os dois se salvam, embora Kipling, que era um homem muito reservado, tenha dito, no entanto, que esse romance é evidentemente picaresco. Mas parece que não, porque no final do livro os dois personagens, conforme a visão do lama, se salvam; esses dois personagens que são o lama e um rapaz de rua: Kim. Bem, e em relação a Güiraldes,

[1] Coração da espiga de milho.

que leu *Kim* na versão francesa — que segundo o próprio Kipling era excelente —, em seu *Don Segundo Sombra* também temos um mundo, o mundo da província de Buenos Aires — essa planície que os literatos chamam de pampa — através desses dois personagens que são o velho tropeiro e o rapaz (Fabio). De modo que o esquema seria o mesmo, quer dizer, no entanto, é difícil imaginar três livros mais diferentes que *Huckleberry Finn* de Mark Twain, *Kim* de Kipling e *Don Segundo Sombra* de Güiraldes.

É verdade.

Emerson disse que a poesia nasce da poesia. Por outro lado, Walt Whitman falou contra os livros destilados de livros, o que significa negar a tradição. Me parece que a ideia de Emerson é mais exata. Além do mais, por que não supor que entre as muitas impressões que um poeta recebe são frequentes ou são lícitas as impressões que lhe produzem outros poemas?

Claro.

E eu acho que isso se percebe especialmente nos livros de Lugones, já que, como provavelmente alguma vez já comentamos, por trás de cada livro de Lugones existe uma leitura tutelar. Todavia, os livros de Lugones são pessoais. Essas leituras de que falo estavam ao alcance de todos, mas só Lugones escreveu *Las fuerzas extrañas, Lunario sentimental* e *Crepúsculos del jardín.* E por trás de outros livros, bem, há outras influências, mas penso que isso não é um argumento contra ninguém. E, bom, como eu não acredito no livre--arbítrio, cheguei a supor que cada um de nossos atos, que cada sonho ou que cada entressonho nosso é obra de toda a história cósmica anterior, ou, mais modestamente, da história universal, e, sem dúvida, as palavras que agora digo foram causadas pelos milhares de intextricáveis fatos que as precederam. De modo que estes antecedentes que eu encontro em *Don Segundo Sombra* não são um argumento contra o livro. Por que não imaginar essa geração: da mesma forma que todo homem tem pais, avós, tataravós, por que não supor que isso também acontece com os livros? Rubén Darío o disse melhor que eu: "Homero tinha, sem dúvida, seu Homero", quer dizer, não há poesia primitiva.

Gostaria de apoiar sua suposição, sr. Borges, comentando que Waldo Frank concorda com o senhor, já que ele percebeu a relação entre Don Segundo Sombra *e* Huckleberry Finn.

Ah, não sabia.

Sim, ele menciona isso no prefácio da edição em inglês de Don Segundo Sombra.

Bom, eu não conhecia essa edição, mas me agrada essa coincidência com Frank. Além do mais, isso indica que o que eu disse é verossímil, porque se a duas pessoas lhes ocorre uma mesma coisa é provável que ela seja verdadeira.

Sim...

E, no entanto, o fato de o *framework* (estrutura) ser o mesmo não impede que os livros sejam completamente distintos. Sim, os Estados Unidos de antes da Guerra Civil, antes de *"the war between the States"* (a guerra entre os Estados) como dizem no Sul, que corresponde ao mundo de *Huckleberry Finn*, não tem nada a ver com esse povoadíssimo e infinito mundo da Índia – o de *Kim* –, que, por sua vez, não se parece, bom, com a elementar província de Buenos Aires de *Don Segundo Sombra*.

Agora, quanto à possível inversão no relacionamento de autoridade entre o maior e o menor, lembro que o senhor mesmo disse que um homem maior pode aprender com um homem menor, de alguém mais jovem.

Meu pai dizia que são os filhos que educam os pais, mas no meu caso, eu acho que não; foi meu pai quem me educou, e não eu a ele. Ele dizia isso – provavelmente o dissesse como uma frase engenhosa, não é? – mas talvez houvesse algo de verdade nisso, não?

O senhor fez uma associação parecida a respeito de sua amizade com Bioy Casares.

Ah, certamente, no sentido de que Bioy influiu em mim, e que Bioy é mais jovem. Sempre se pensa que o mais velho influi no mais jovem, mas isso é recíproco, sem dúvida.

Sim, o senhor atribui a cada um dos três escritores que mencionamos uma finalidade, um objetivo, mas, ao mesmo tempo, sempre reitera que o aspecto mais importante não é o propósito que o escritor tenha traçado para si.

Bom, no caso de Mark Twain, não acredito que ele tenha tido uma ideia pedagógica, não?

Não.

Eu acho que ele mostra esse mundo, só isso. E há um aspecto que é muito lindo e que é curioso: que o rapaz ajuda o escravo fugitivo, mas isso não significa que intelectualmente, que mentalmente seja contra a escravidão, muito pelo contrário, ele sente remorsos porque ajudou o escravo a fugir, e esse escravo é propriedade de alguém no povoado. E não acho que isso tenha sido colocado como um aspecto irônico de Mark Twain, deve ter sido porque ele pensou: "o rapaz deve ter sentido isso"; ele não pode ter sentido que estava trabalhando por uma causa nobre, que era a abolição da escravidão. Isso teria sido completamente absurdo. No caso de *Kim*, a ideia de Kipling é que um homem pode se salvar de muitas formas, e então o lama se salva pela vida contemplativa, e Kim se salva pela disciplina que a vida ativa lhe impõe, já que Kim não se vê a si mesmo como um espião, mas como um soldado. E no caso de *Don Segundo Sombra*, bem, o rapaz vai se *"agauchando"*, e vai aprendendo muitas coisas. E justamente Enrique Amorim escreveu um romance, *El paisano Aguilar*, que foi escrito contra *Don Segundo Sombra*, e ali o protagonista vai se *"agauchando"* e se embrutecendo.

A outra possibilidade.

A outra possibilidade, mas penso que ambas são verossímeis, e ambas são artisticamente lícitas.

Sim, mas no caso de Huckleberry Finn *o senhor assinala que se trata de um livro unicamente feliz, ou seja, eu pensei na felicidade da aventura.*

Sim.

E penso que isso é correto, porque esse deleite na aventura se manifesta nos relatos de Twain.

Sim, e, além disso, é como se o rio do relato fluísse como o Mississippi, não?

Ah, claro.

Embora me pareça que ali eles naveguem contra a corrente, não tenho certeza.

De qualquer forma, Twain era piloto no Mississippi.

Sim, de modo que o rio deve tê-lo atraído. O que não lembro é se eles navegam para o sul ou para o norte.

A vida pessoal de Twain parece ter sido múltipla: buscador de ouro...

É verdade, buscador de ouro na Califórnia, piloto no Mississippi.

Viajante...

Viajante dentro e fora de seu país, porque em outros livros ele descreve viagens pelo Pacífico. E depois, finalmente, o destino o leva para a Inglaterra, para a Alemanha, ele sente uma grande afeição pela Alemanha. E me parece que morreu em 1910... Sim, porque ele disse que morreria quando voltasse o cometa Halley. Lembro que esse ano foi 1910, e que todos sentíamos que o cometa era uma das iluminações do Centenário. Todos nós sentimos isso, embora, evidentemente, não o dissemos, todos pensamos: já que tudo fica iluminado, é bom que o céu esteja iluminado. Não sei se chegamos a expressar isso, ou se percebemos que era uma ideia absurda, mas, no entanto, o cometa Halley foi sentido e agradecido dessa forma aqui.

MARK TWAIN, GÜIRALDES E KIPLING

170

Em 1910.

Sim, e esse é o ano da morte de Mark Twain nos Estados Unidos. E um biógrafo dele, Bernard Devoto, diz: "Essa ardente poeira do cometa sumiu do céu, e com ele, a grandeza da nossa literatura".

Relacionando a passagem do cometa com a morte de Twain.

Sim, exatamente.

«LA PERSONALIDAD Y EL BUDA» | 171

OSVALDO FERRARI — *Sr. Borges, anteriormente nos aproxima-mos do budismo, e o senhor demonstrou um conhecimento, digamos, intenso e extenso desta filosofia religiosa. Recente-mente, descobri que esse conhecimento já estava no senhor em 1951, quando escreveu "La personalidad y el Buda".*

JORGE LUIS BORGES — Sim, eu acho que, de todas as religiões, o budismo é a que exige menos mitologia, ou seja, um hindu, por exemplo, pode venerar seus deuses, que são múltiplos e, ao mesmo tempo, ser budista. Mas pode-se ser budista e não acreditar numa divindade pessoal. Além disso, nas últimas formas do budismo: o Mahayana e o Grande Veículo, e o budismo zen, pode-se negar — talvez por motivos patrióticos se deva negar — a realidade histórica do Buda. Porque se en-tende que o importante é a lei, e, segundo a lenda, quando o Buda morre, os discípulos estão chorando e ele lhes diz, di-ferente de Cristo, que diz: "Se dois de vocês se encontrarem, eu serei o terceiro", não, ele lhes diz: "Quando eu morrer, pensem na lei que preguei". Isso significa que o importante é a doutrina. E eu tive uma grande discussão com Kasuya Sakai, que é budista — do budismo zen japonês —, que se ir-ritou comigo porque eu acreditava na realidade histórica do Buda. E ele dizia que não, que o Buda não existiu, e que o que existia era a lei, e que o importante é a lei. Além disso, há a ideia de que o importante é, bom, o espírito, o espírito e não as palavras. Eu li num livro sobre os mosteiros budistas no mundo que existe um mosteiro em que, por exemplo, es-tão reunidos os discípulos — estão com o mestre, o fogo está aceso, a lareira — e então, o mestre, à medida que vai expli-cando a doutrina, vai pegando uma das várias imagens do

«LA PERSONALIDAD Y EL BUDA»

Buda que existem e a joga no fogo. E, além disso, em relação às escrituras sagradas, as folhas dessas escrituras são usadas para todo tipo de finalidades, até para fins não nobres, para indicar que o que importa é o espírito e não a palavra. E conheço o caso de um monge budista, de um santo budista reverenciado no Japão, que nunca leu as sutras, os sermões do Buda, mas que atingiu o nirvana por sua própria meditação e seus próprios meios. Ou seja, insiste-se, sobretudo, no espírito. O budismo não exige de nós nenhuma mitologia, não temos que acreditar em um deus pessoal, podemos acreditar se quisermos, ou não, mas o importante é agir eticamente.

Mas nega a personalidade, por exemplo, nega o próprio Buda, como o senhor mencionou.

Sim, nega a personalidade, mas, enfim, há várias psicologias do budismo, e em quase todas elas se nega o Eu. Tenho um livro que se chama *As perguntas do rei Milinda*, que é uma espécie de catecismo budista. Agora, Milinda era um rei numa determinada região da Índia, que deve ter se chamado Menandro, mas Menandro deu Milinda. E então ele vai ver um monge budista e lhe faz perguntas. E o livro é um longo catecismo, e começa pela negação do Eu. O exemplo que ele toma é a carruagem em que chegou o rei. O monge lhe pergunta como chegou, e o rei responde que chegou numa carruagem, e o outro comenta que se o rei diz isso, tem que ser verdade, e lhe pergunta se a carruagem corresponde ao eixo, ao assento, às rodas. Então ele diz que não, que é o conjunto de tudo isso. E depois também se chega dessa forma a desfazer e, finalmente, a negar o Eu, a personalidade.

E a acreditar no vazio.

Sim, e a acreditar no vazio.

Agora, no seu texto "La personalidad y el Buda", o senhor fala de...

Não me lembro dele, o escrevi faz tanto tempo... |173

Bom, ali se compara a personalidade de Buda com a personalidade de Jesus.

Ah, acho que sim. Diga-me, isso está em *Outras inquisições?*

Não, está na edição dos vinte anos de Sur, *de 1951. Nesse texto, o senhor dizia que houve muitas tentativas de comparar as personalidades de Buda e de Jesus.*

Sim, sem dúvida.

Mas acrescentava que, na verdade, é uma tentativa equivocada.

Bom, porque os Evangelhos estão escritos... evidentemente se procura o convencimento, mas também se procura o patético. Por outro lado, no caso de Buda não, e no caso de Sócrates também não, não se procura o patético. Pelo contrário, procura-se ensinar uma lei, ou leis que podem conduzir à serenidade; de certa forma, isso vem a ser o contrário do patético.

No budismo há, então, uma metafísica e uma ética.

Uma metafísica e uma ética. Bom, isso acontece com Confúcio também; quando lemos os *Analectos* de Confúcio, no princípio nos sentimos um pouco decepcionados, já que não há nada patético, pois Confúcio não queria ensinar nada patético, queria ensinar algo razoável. Então, o estilo do livro é razoável também. Por outro lado, o estilo dos Evangelhos, bom, é um esplêndido drama, é claro.

Nesse mesmo texto, o senhor afirma que esta ética do budismo está em contraste com aspectos éticos ocidentais, e cita uma carta de Júlio César e uma passagem magnífica dessa carta: referindo-se a seus adversários políticos, aos quais deixa em liberdade mesmo havendo o perigo de eles se revoltarem, César diz: "Faço isso porque o que mais desejo é ser como sou, e que eles sejam como são".

«LA PERSONALIDAD Y EL BUDA»

Sim, agora, não sei se se trata do César histórico ou do César da comédia *César e Cleópatra*, de Shaw.

Do César literário.

Sim, bom, digamos César, e então ficamos a salvo, não? Não tenho certeza se isso aparece em Suetônio, acho que não. Mas não importa, agora César é uma imagem que podemos tentar enriquecer, por que não, se foi enriquecida por Shaw? Provavelmente também foi enriquecida por Plutarco.

A frase de César é magnífica, mas delata a vocação pessoal para a personalidade, diferentemente do budismo.

Sim, porque no budismo se considera que a personalidade é um erro, a tal ponto que se nega a personalidade histórica do Buda, porque essa também seria uma forma de egoísmo, não? Digo, no sentido etimológico da palavra.

Sim, o senhor também indicava naquele mesmo texto que, no romance ocidental, se prefere "o sabor das almas", em Proust e em outros romancistas, e, no budismo, a anulação desse sabor das almas, dessa individualidade das almas.

Sim, penso que o romance leva os leitores à vaidade e ao egoísmo, já que, se durante o romance se fala de uma única pessoa e de seus traços particulares, isso induz o leitor a tentar ser uma pessoa determinada e a ter traços particulares. De modo que a leitura do romance fomenta, indiretamente, o egoísmo e também a vaidade e a tentativa de ser interessante, que é o que acontece com todos os jovens. Quando eu era jovem, eu era voluntariamente infeliz, porque queria ser, bom, Hamlet, ou Byron, ou Poe, ou Baudelaire, ou o personagem de um romance russo. Por outro lado, agora tento procurar a serenidade, e não pensar na personalidade, bom, de um escritor que se chamava Borges e que, pelo que nos dizem, viveu no século XX (*ri*), embora tenha nascido no XIX. Eu tento esquecer essas circunstâncias pedantes, não? Tento viver com serenidade e tentando esquecer desse senhor que me acompanha.

Todavia, sr. Borges, através de seu conhecimento do budismo, podemos ver que o caminho da literatura não é o de um conhecimento científico, mas pode levar à sabedoria.

Eu não sei se cheguei à sabedoria, mas acreditar na sabedoria já é um ato de fé, é claro. Além do mais — eu disse isso muitas vezes —, talvez possamos dar o que não temos. Por exemplo, uma pessoa pode dar felicidade e não se sentir feliz, pode dar medo e não se sentir amedrontada. E pode dar sabedoria e não tê-la. Tudo é tão misterioso no mundo.

Não atingir pessoalmente o nirvana se não chegarem todos antes.

Sim, é como se fôssemos um conduto pelo qual passam coisas, não? Como se fôssemos um meio para as coisas chegarem. No caso da poesia, isso talvez fosse especialmente verdadeiro, já que a poesia nos usa: deixamos que a poesia passe através de nós, apesar de nós, e depois fazemos com que o leitor a sinta. Mas isso não é algo inventado por nós, a emoção estética é algo que nos acontece e que depois acontece no leitor, embora, provavelmente, de um modo assaz diferente.

Nesse sentido, se poderia dizer que a poesia é uma vizinha muito próxima da mística.

Sim... o difícil seria encontrar uma diferença entre ambas. Claro que os retóricos a encontram: reduzem a poesia a uma série de astúcias.

Claro.

E provavelmente teremos que nos resignar a essas astúcias para que a poesia chegue, mas, no final das contas, são meros artifícios.

Todavia, a existência de muitos poetas místicos prova que não são alheias entre si.

Ah, não, evidentemente, a existência de Blake ou de Angelus Silesius...

Ou de San Juan de la Cruz.

Ou de San Juan de la Cruz seria suficiente. A rigor, em boa lógica, um único exemplo é suficiente.

Claro.

Talvez seja um erro multiplicar os exemplos, porque as coisas parecem menos seguras, da mesma forma que as muitas provas da existência de Deus é uma prova de que não há Deus, já que se utilizam tantas provas.

Bem, antes da teologia, não se usavam essas provas; a teologia inaugura a dúvida.

...Sim.

Muito bem, sr. Borges, talvez voltemos ao budismo numa terceira oportunidade, porque vemos que seu conhecimento sobre ele não se esgota.

Falei pouco do budismo e muito de outras coisas, mas talvez seja melhor assim.

A LITERATURA IRLANDESA 177

OSVALDO FERRARI — *Há pouco tempo conversamos, sr. Borges, sobre o antecedente, o passado celta da Irlanda, e então nos propusemos voltar a falar da riquíssima literatura irlandesa ao longo do tempo.*

JORGE LUIS BORGES — Sim, é uma riqueza que parece se opor a qualquer estatística: uma pobre ilha, perdida no noroeste da Europa, e que parece ter se especializado em homens de gênio e que enriqueceu a literatura inglesa, já que não se concebe a literatura inglesa sem tantos inesquecíveis irlandeses.

É verdade.

Agora, curiosamente, essa tradição é antiga, já que teríamos que pensar — me parece que é o século IX — e então temos essa gigantesca imagem de Escoto Erígena, cujo nome significa "irlandês nascido na Escócia", já que a Irlanda era chamada *Vetus et maior Scotia*, e Escócia é o nome que os irlandeses levaram para lá. Ao ler histórias da filosofia, e até a história da escolástica, que certamente é muito rica e que tem mestres muito diversos, eu percebi que Escoto Erígena é, todavia, único, porque é panteísta. Tinham chegado a Paris os manuscritos atribuídos ao Areopagita, e não tinha ninguém na França que fosse capaz de lê-los, e então chega esse monge da Irlanda, e na Irlanda tinham salvo o grego, não sei se os saxões ou os escandinavos invadiram, mas os monges irlandeses tiveram que fugir de seus conventos — esses conventos eram particulares; neles, cada monge estava sozinho em sua cabana e num campo cultivado havia valas para deter os bárbaros, mas um deles foi embora: João Escoto Erígena. Carlos, o Calvo, o chamou e traduziu

A LITERATURA IRLANDESA

do grego o texto do Areopagita. Ninguém sabia grego nem latim, mas o monge irlandês sabia, e depois ele escreveu sua filosofia, que é uma filosofia panteísta. E, curiosamente, há um poema de Hugo: *"Ce que dit la bouche d'ombre"*, que corresponde exatamente à filosofia de Escoto Erígena, e essa filosofia também se encontra em *Back to Mathusalen* (Volta a Matusalém), de outro irlandês, que talvez não tenha lido Escoto Erígena: Bernard Shaw. A ideia é que todas as coisas emanam da divindade e que, no final da história, todas as coisas voltarão. E Hugo usa isso numa esplêndida página na qual ele imagina todo tipo de monstros, de negros dragões, ou o que for, e entre eles, o demônio. E todos eles voltam à divindade. Ou seja, a divindade se reconcilia com todas as suas criaturas, até com seus monstros.

Até com as maléficas.

Sim, e depois de Escoto Erígena, já avançado no tempo, temos, na Irlanda, outro escritor incrível, temos Swift, a quem devemos as viagens de Gulliver — entre elas, aquela viagem terrível, a viagem dos Yahoos, que são os homens que vêm a ser assim, como macacos —, e esses outros homens cujo nome imita o som de um relincho, são os que formam essa república de cavalos que raciocinam. E depois teríamos outros nomes, entre eles, surpreendentemente, o duque de Wellington, que derrota Napoleão — Arthur Wellesley —, era irlandês. E me esqueci, talvez, de alguém que seguramente não é o menor, o filósofo Berkeley. Berkeley é o primeiro que raciocina sobre o idealismo e foi mestre de Hume. Bem, Hume era escocês, e os dois foram mestres de Schopenhauer, e depois temos tantos irlandeses ilustres que fica fácil se perder... talvez o maior poeta da língua inglesa de nosso tempo: William Butler Yeats, e também temos outro escritor, injustamente esquecido, George Moore, que começa escrevendo livros muito bobos, e no final escreve livros admiráveis com um novo tipo de prosa, livros de confidências, de confidências de coisas irreais, de coisas sonhadas

JORGE LUIS BORGES E OSVALDO FERRARI

por ele, mas que são contadas como confidências ao leitor e são invenções de Moore. E tem outro nome que, apesar da tristeza, ou talvez da infâmia de seu destino, pensamos nele como pensamos num amigo íntimo ou numa criança: Oscar Wilde, é claro. E por que não mencionar outro irlandês, que criou dois personagens que, provavelmente, sejam mais famosos que qualquer político: o criador de Sherlock Holmes e o doutor Watson, Arthur Conan Doyle.[1] E o senhor poderá acrescentar outros nomes também, sem dúvida.

Sim, mas gostaria de me deter no ineludível nome de Shaw.

Certamente, Shaw, que em *Volta a Matusalém* repete exatamente a história universal de Escoto Erígena: a ideia de que todas as coisas, todos os seres, emanam da divindade e finalmente voltam à divindade. E tudo isso foi raciocinado por Escoto Erígena no século IX e Bernard Shaw acaba lhe dando forma dramática e divertidíssima nessa obra. E lembro que nessa obra ele diz, entre tantas outras coisas, que no Ocidente não há adultos, que talvez haja no Oriente, mas que no Ocidente um homem pode morrer aos oitenta anos com um taco de golfe na mão (*ri*), o que quer dizer que continua sendo uma criança, que não se chega à idade adulta.

Agora, através dos gênios de Swift, de Shaw, de Wilde, vemos que a Irlanda produziu o gênero humorístico, o irônico, o satírico, uma variedade muito particular, e poderíamos também acrescentar o gênio crítico, crítico, em parte, da Inglaterra.

Ah, sim, claro, e nos esquecemos de Goldsmith e Sheridan também; bem, nos esquecemos dos poetas do Celtic twilight, da "penumbra celta", sim, mas nesse grupo estava Yeats no começo e depois, felizmente, saiu desse crepúsculo, e escreveu talvez as obras mais poéticas e mais precisas. E

---

[1] Na verdade, Sir Arthur Conan Doyle não era irlandês, mas escocês. Nasceu em 1859, em Edimburgo, Escócia.

A LITERATURA IRLANDESA

nos esquecemos, não sei como nos esquecemos, é realmente um prodígio do esquecimento: nos esquecemos do autor de *Ulisses* e de *Finnegans wake*, que também era irlandês.

De quem falamos há uns dias, de James Joyce.

Sim, nos esquecemos de Joyce. E também poderíamos incluir o admirável e estranho dramaturgo O'Neill, já que os ancestrais de seu nome o proclamam como irlandês. Se começarmos a lembrar irlandeses geniais, nos perdemos na lista e incorremos em imperdoáveis omissões.

Não falamos anteriormente de quem, como o senhor diz, seja, talvez, o máximo poeta contemporâneo em língua inglesa: Yeats.

Bom, o que Yeats fez com o idioma inglês é mais admirável do que o que Joyce fez, já que as composições de Joyce são um pouco peças de museu da literatura, não é? Por outro lado, a poesia de William Butler Yeats não, é algo que nos deslumbra, como a poesia de Hugo, por exemplo. Ele é extraordinário; eu sempre lembro esse verso intraduzível, insensato, mas que, no entanto, exerce magia própria: *"That dolphin's thorned, that gong tormented sea"*. Que estranho: o mar desgarrado pelos golfinhos e atormentado pelos gongs. Não sei se isso pode ser defendido logicamente, mas é evidente que se trata de um conjunto mágico. E encontramos tantos nas páginas de Yeats, continuamente encontramos linhas inesquecíveis desse tipo. Lembro o final de uma peça de teatro dele em que um dos personagens é um porqueiro e se encontra com umas mulheres esplêndidas, que descem lentamente pelos degraus de uma escada, e ele pergunta para que foram feitas, e lhe respondem: *"For desecration, and the lover's night"*, ou seja, foram feitas para a profanação, para a noite do amante. São as últimas palavras. É extraordinário, não?

Extraordinário. Da minha parte, encontrei uma página

que o senhor tinha encontrado anteriormente, de Bernard Shaw.

Qual?

"*Inferno, céu e terra*". *É muito breve e a achei excepcional, não sei se se lembra dela, vou lê-la.*

Sim, escuto, muito obrigado.

"*O inferno é a pátria do irreal e dos buscadores da felicidade*"...

Caramba.

"*É um refúgio para os que fogem do céu, que é a pátria dos amos da realidade*".

Ah, sim, sem dúvida a palavra inglesa é "masters" (amos), não?

Sim, "e para os que fogem da terra, que é a pátria dos escravos da realidade".

É esplêndido, e toda a teologia está ali.

Sim, e me parece que coincide com sua visão.

Bom, na verdade minha visão coincide com a de Bernard Shaw e, na verdade, o que eu digo, o que eu pensei...

Me refiro à sua concepção da realidade.

Sim, penso que sim, me parece perigoso pensar sem Bernard Shaw, não uma imprudência (*ambos riem*); para mim, é impossível pensar sem Bernard Shaw e sem Schopenhauer. E lembro uma frase de Macedonio Fernández, que disse que o que ele pensava Berkeley e Schopenhauer já o tinham pensado para ele (*ri*).

Sim, eu percebo que Shaw foi um companheiro de seu pensamento.

Sim, espero que continue sendo.

GÔNGORA

OSVALDO FERRARI — *Sr. Borges, há pouco tempo o senhor me disse que estava escrevendo um poema dedicado a Gôngora.*
JORGE LUIS BORGES — Um segundo poema. Anteriormente, escrevi um que começava dizendo

> Marte a guerra, Febo o sol, Netuno o mar
> que já não podem ver meus olhos
> porque os apaga o deus".[1]

Ou seja, me pareceu que as divindades gregas, nas quais Gôngora não acreditava, bem, neste caso tinham coberto, tinham lhe apagado a visão das coisas, de modo que em lugar da guerra, ele via Marte; em lugar do sol, Febo; em lugar do mar, Netuno.

Que via mitologicamente.

Via mitologicamente, e via mitologicamente através de uma mitologia morta para ele. Então eu imaginei esse poema, mas depois, refletindo, pensei que esse poema era injusto, que poderia escrever outro no qual Gôngora me respondesse, e me dissesse que falar do mar, de algo tão diverso, tão vasto, tão inesgotável como o mar não é menos mitológico do que falar de Netuno. E quanto a uma guerra, já sabemos que todas as guerras são terríveis, mas a própria palavra "guerra" talvez não seja menos mitológica que "Marte". E quanto ao sol, "Febo", é e não é o sol, evidentemente. De modo que poderíamos concluir que todos os

---

[1] Marte la guerra, Febo el sol, Neptuno el mar/ que ya no pueden ver mis ojos/ porque los borra el dios.

idiomas são tão arbitrários quanto aquele idioma do "culteranismo", em que não se falava do sol, mas de Febo. E até Góngora, poderíamos dizer que, se ele fala de Febo, e fala de Marte, e fala de Netuno, ele reconhece que existe algo sagrado nessas coisas, e talvez em todas as coisas, já que se eu digo Febo, eu afirmo que há algo divino no sol, e se digo Marte, afirmo algo pelo menos sagrado e inexplicável na guerra. Ou seja, eu pensei que todas as palavras, ou que um idioma inteiro, podem ser mitológicos, já que reduzem o mundo, o mundo que muda continuamente, a uma série de palavras rígidas. Agora, isso poderia nos levar a uma ideia, bem, a uma missão impossível: se cada momento é novo, se o que eu sinto agora, conversando com o senhor, não é exatamente o que senti em outras ocasiões, então teríamos que encontrar uma linguagem que se renovasse permanentemente, porque, caso contrário, ficamos reduzidos, digamos, aos dez mil símbolos, ou aos dez símbolos, ou a quantos fossem, de cada idioma. Evidentemente não sei como se poderia criar... é, certamente, uma empresa impossível.

Com a ajuda...

Salvo que uma linguagem que estivesse continuamente se renovando pudesse ser feita com palavras compostas, bom, conjugando os adjetivos, como no japonês, ou declinando os verbos, mas isso também não seria suficiente, teríamos que usar sempre determinados símbolos anteriores.

A não ser que neste caso também obtenhamos a ajuda da mitologia.

Sim, claro, mas seria necessário criar uma mitologia para cada momento.

Claro.

Mas poderíamos supor uma mitologia, uma utopia que não será realizada nunca, da imaginação: por que não representar um mundo em que a linguagem esteja crescendo e mudando continuamente? E então teríamos que pensar menos no sentido das palavras que nas cadências, seria uma linguagem afim à música. De todo jeito, trata-se de uma empresa literária impossível, mas não é impossível que exista uma escola que se proponha a fazer isso (*ri*), já que parece que, atualmente, surgem escolas a toda hora, não? Sim, e se tenta fazer todo tipo de coisas. Evidentemente essa seria a máxima aventura da linguagem ou das letras: uma linguagem que fosse crescendo e mudando à medida que a realidade passa. Agora, isso acontece em longos períodos de tempo, por exemplo, há palavras que antes eram usadas — que eram usadas quando eu era criança — e que agora não se usam. Mas não, o que eu proporia seria uma linguagem que fosse mudando a cada momento e não a cada cinquenta anos; não se duvida de que as palavras mudem, e, sobretudo, muda o ambiente das palavras. Isso é muito importante para a poesia, ou seja, não muda apenas o sentido, que é o menos relevante, mas as conotações.

Essa empresa que o senhor propõe parece mais possível para a poesia do que para a linguagem em geral.

Para a poesia... e eu diria que para a música (já que, como não sei nada de música, a vejo como carregada, como dotada de possibilidades infinitas). Aquele lema da *Real Academia Española*: "Fixa, limpa e dá esplendor", bom, a ideia implicada de fixar a linguagem é uma ideia impossível e, no entanto, no século XVIII o doutor Johnson pensava que tinha chegado o momento de poder fixar o idioma inglês. E agora percebemos que a linguagem do doutor Johnson é admirável, mas antiquada, e que, além disso, os ambientes das palavras são distintos. A poesia, sobretudo, depende das conotações, do ambiente e da cadência das palavras.

Sem dúvida.

É por isso que Stevenson disse que num parágrafo nunca se deveria usar uma palavra que olhasse para o outro lado.

JORGE LUIS BORGES E OSVALDO FERRARI

É gráfico isso. | 185

Sim, significa que tem que fluir, porque, por exemplo, os neologismos obstruem, exceto no alemão, em que existe o hábito das palavras compostas, então podem ser usados. Acho que em alguma ocasião falamos de *Weltanschauung*, que Ortega y Gasset traduziu sem destreza como "cosmovisão". As palavras compostas são raras no espanhol, e especialmente "cosmovisão" se nota muito — a primeira parte é grega, a segunda é latina. Por outro lado, no alemão, ambas as palavras são germânicas; o alemão tem o hábito das palavras compostas; uma pessoa diz *Weltanschauung* e o interlocutor pode não perceber que essa é a primeira vez que escuta a palavra.

Voltando à poesia de Góngora, Pedro Henríquez Ureña afirma que ela é o máximo exemplo de devoção à forma, no entanto...

É verdade; todavia, os melhores poemas de Góngora não são os mais "culteranos", ou os mais "gongóricos". Por exemplo, eu lembro aquele:

Mal te perdoarão a ti as horas
as horas que limando estão os dias
os dias que roendo estão os anos,[2]

E que poderiam ser os melhores versos de Quevedo, salvo que Góngora os escreveu antes de Quevedo, mas seriam... por exemplo, se uma pessoa não conhecesse Quevedo, e quiséssemos dar-lhe alguma informação sobre ele, o melhor seria recitar esses versos de Góngora, porque conhecendo, ouvindo esses versos, com isso ele já tem a essência de Quevedo. E, depois, Góngora se arriscou a brincadeiras que nem sempre são felizes, não? Me parece que já falamos de "monóculo galã de Galatea", que aplica ao ciclope. Agora,

---

[2]Mal te perdonarán a ti las horas/ las horas que limando están los días/ los días que royendo están los años.

Gôngora não podia prever que existisse uma classe de letras que se chamavam monóculos, e pensou nos monóculos, que eram uma linhagem de seres imaginários mencionados por Plínio, me parece. De modo que, a rigor, "monóculo" significava uma pessoa com um único olho.

Sim, um ciclope.

Sim, justamente se aplica ao ciclope, a Polifemo. Também temos essa espécie de calembur não muito feliz: "galã de Galatea". Bioy e eu discutimos o que ocorre em: "Oh, grande rio, grande rei de Andaluzia, de areias nobres já que não douradas!",[3] que me pareceu uma debilidade de Gôngora, e Bioy me disse que essa ideia de uma determinada coisa, não outra, era justamente o que ele apreciava em Gôngora.

O senhor se refere ao poema "A Córdoba".

Sim, exatamente.

Henríquez Ureña acrescenta que a poesia de Gôngora não é grande pelos temas, e poucas vezes pelos sentimentos, mas sim por sua delicadeza, pelo esplendor da imaginação pictórica, como ele diz.

Bem, não sei em que medida pictórica, porque, afinal de contas, o que temos? O contraste do branco e do vermelho. Por exemplo:

> Raia, dourado sol, orna e colora
> do alto monte a robusta altura, segue com
>   [agradável brandura
> a vermelha passagem da branca aurora.[4]

---

[3] "¡Oh, gran río, gran rey de Andalucía, de arenas nobles ya que no doradas!"

[4] Raya, dorado sol, orna y colora/ del alto monte la lozana cumbre, sigue con agradable mansedumbre/ el rojo paso de la blanca aurora.

Ele gostava desses contrastes bastante simples de cores, mas na poesia essas cores talvez fossem mais percebidas se pudéssemos vê-las...

Numa pintura.

Sim, é por isso que digo que essa condição pictórica se refere mais à linguagem, porque, realmente, se num quadro colocassem o vermelho e o branco, isso apareceria como algo simples demais, não é?

Certamente, agora, por sua vez, Remy de Gourmont chamou Góngora de: "Esse grande malfeitor da estética".

Ah, penso que tinha razão.

E o comparou com Mallarmé.

Bem, talvez os melhores versos de Mallarmé sejam superiores aos melhores de Góngora.

O senhor talvez lembre que Góngora, na sua época, foi criticado por Lope e Quevedo, mas, por sua vez, ele disse de Lope de Vega: "Vega sempre rasa".[5]

Sim, "Com razão Vega, sempre rasa".[6] Lembro disso, e o chamou de "pato da água insulsa castelhana".[7] Isso não é muito bonito, mas não foi dito para ser injurioso.

Por outro lado, de Quevedo ele disse que tinha "baixos de tom os versos, tristes as cores".[8]

Que curioso, eu falei disso com Henríquez Ureña, sim, porque discutíamos até que ponto o que nós sentimos num texto do século XVII foi sentido pelos autores. E ele me disse que o que nós sentimos foi sentido por eles. Mas penso que não, penso que, conforme o tempo passa, mudamos a linguagem, e tendemos a sentir as coisas de outra maneira. De qualquer forma, o modo como sentiu o autor pouco importa,

[5] Vega por lo siempre llana.
[6] Con razón Vega, por lo siempre llana.
[7] Pato del agua chirle castellana.
[8] Bajos de tono los versos, tristes los colores.

já que os textos estão aí para serem renovados por cada leitor, não é? Frequentemente me visitam jornalistas e me perguntam qual é a mensagem do que escrevi. Ontem, por exemplo, me perguntaram qual era a mensagem do poema "O golem" e do conto "As ruínas circulares", e eu lhes disse que não havia mensagem nenhuma, que isso tinha me ocorrido, que tinha, bem, me divertido com essa invenção e que eu a contava ao leitor para que ele sentisse a mesma coisa. Atualmente se pensa continuamente... se eu digo "fábula", penso em algo imaginário, mas agora se pensa na moral da fábula, se pensa que toda fábula tem sua moral e que o autor a conhece. Me parece que já lembramos que Kipling disse que a um escritor pode ser permitido imaginar uma fábula sem saber qual é a moral, e que a moral fica por conta do leitor ou do tempo, digamos.

Certamente, não se percebe que o autor, ou o criador, atua sem preconceitos, sem planos prévios, e que se deixa levar por sua inspiração.

Mas, além disso, penso que os planos são perigosos, ou seja, é melhor escrever com certa inocência, e, sobretudo, é melhor que o leitor pense que o que lhe é contado ou o que está ouvindo, bem, é algo que surgiu por si só, que não foi dirigido, é melhor que as coisas não pareçam pré-fabricadas.

Que tenham a espontaneidade do que é criado.

Sim, acho que Schopenhauer falou de escritores que escrevem sem ter pensado, e ele disse que não, que era conveniente pensar primeiro e escrever depois. Mas, nesse caso, eu me atrevo humildemente a discordar de Schopenhauer. Penso que convém que ambos os processos, escrever e pensar, sejam simultâneos, quer dizer, que enquanto escrevemos, pensamos.

OS POETAS DE NEW ENGLAND 189

Osvaldo Ferrari — *Há algum tempo, sr. Borges, conversamos sobre aquela região dos Estados Unidos que me parece ser sua preferida: sobre New England, sobre Nova Inglaterra. E também conversamos sobre a particularidade que se manifesta nessa região, que tem produzido excelentes poetas.*

Jorge Luis Borges — Sim, há um livro de Van Wyck Brooks: *The Flowering of New England* (O florescimento da Nova Inglaterra), que se refere justamente a essa longa época, em que de repente surgem pessoas de gênio, e de gênio muito diverso, e que são quase vizinhas; pensemos em Edgar Allan Poe, que nasce em Boston, pensemos em Emily Dickinson, que consagra toda sua vida à poesia e que declara que a publicação não é parte essencial do destino de um poeta, pensemos em Herman Melville e esse esplêndido pesadelo: *Moby Dick* ou *A baleia branca*, e pensemos em Emerson, que se correspondeu com todos eles, e que para mim é o mais alto dos poetas intelectuais, já que, diferentemente de outros poetas intelectuais, ele tinha muitas ideias, e há outros que se definem como intelectuais e que são simplesmente frios, ou ineficazes. Também temos Jonathan Edwards, que foi anterior e que chegou a sentir a predestinação como uma felicidade, que disse que no começo achava horrível a ideia de todos estarmos predestinados ao inferno ou ao céu, porque se tratava de atenuar isso dizendo que não, que tinha gente predestinada ao céu; mas o fato é que os que não estavam predestinados ao céu iam para o inferno, de modo que é a mesma coisa. E também Longfellow, Prescott e Frost, que é o poeta dessa região, embora tenha nascido na Califórnia... Eu cheguei a pensar que tudo o que foi sonhado, tudo o que

OS POETAS DE NEW ENGLAND

foi escrito nas diversas Américas já foi sonhado e escrito em New England. Agora, há um nome sem o qual a literatura do mundo todo – pelo menos do Ocidente – é inconcebível, e esse nome é Edgar Allan Poe, já que ele é o pai de tantas coisas... até do gênero policial, que ele cria, sem suspeitar, nesses três contos: "Os crimes da Rua Morgue", "A carta roubada", "O escaravelho de ouro". Ali está o gênero policial criado.

É verdade.

Poe fez isso e, além disso, influenciou Baudelaire; Baudelaire rezava a Poe todas as noites.

Ah, não sabia disso.

Sim, a tradução de Baudelaire da obra de Poe é, evidentemente, superior ao texto de Poe, uma vez que Baudelaire tinha um senso estético mais fino do que Poe, e Poe, como poeta, é um poeta menor, embora fosse, é claro, um homem de gênio.

Todavia, um contista superior.
Sim, evidentemente.

Mas nessa região também encontramos poetas como Robert Lowell, entre os contemporâneos.
Sim, claro, e, além disso, ele pertence a uma família de escritores.

Sim, entre eles Amy Lowell, me parece.
Sim, claro, eu o conheci.

Robert Lowell?
Sim, quando esteve aqui, em Buenos Aires. Caramba, não sei se... talvez seja indiscreto dizer que ele estava pontificando numa reunião e vieram da embaixada dos Estados Unidos para buscá-lo e o levaram ao manicômio. É muito triste estar assim, pontificando, sentindo-se muito seguro, e que depois apareçam duas pessoas silenciosas, às quais não

se pode resistir... e o levam. Sim, bem, mas é melhor esquecermos disso. Eu estive com ele na Inglaterra e, sem dúvida, ele tinha esquecido desse episódio, e eu também o esqueci.

Sim.

Pelo menos enquanto estivemos juntos.

Entendo. Agora, dos poetas de New England, o senhor parece preferir Frost.

Sim, penso que devemos ver Frost como discípulo de Robert Browning, o poeta inglês. De qualquer forma, eu acho que ele surge da obra de Browning, dos hábitos poéticos de Browning.

E, em grande medida, a temática de Frost é uma temática camponesa.

Sim, é camponesa; bom, ele foi um *farmer* (fazendeiro).

Claro. Não sei se já no perímetro de New England, mas também encontramos poetas surpreendentes nos Estados Unidos, como Wallace Stevens.

Não sei exatamente a que região ele pertence.

Eu também não.

Teremos que averiguar isso (*ambos riem*).

E também Edgar Lee Master e seu livro de epitáfios, a Antologia de Spoon River.

Edgar Lee Master deve ser do Middle West (Meio Oeste), e Spoon River, não sei, mas, de qualquer forma, pensamos nessa região, sim, e as menções a Lincoln nesse livro, por exemplo... um esplêndido epitáfio. Agora, a intenção dele era que essa antologia fosse lida como um romance, já que os personagens dos epitáfios guardam uma relação entre eles, mas não sei se o leitor pode acompanhar isso. Por exemplo, um dos mortos fala e diz que não foi muito feliz, mas que sempre pôde contar, pôde se apoiar no afeto de sua mulher. E depois, quando ela tem que falar, percebemos que ela não o tolerava e que teve um amante. Ou seja, que todos esses epitáfios viriam a formar uma espécie de saga da

OS POETAS DE NEW ENGLAND

região de Spoon River, mas não sei se o leitor percebe isso; penso que, na verdade, lê cada epitáfio como um poema. No segundo número de *Sur*, eu traduzi dois dos epitáfios de Edgar Lee Master, da *Antologia de Spoon River*.

Esses epitáfios são tão surpreendentes que, se o senhor me permitir, neste momento gostaria de ler um que me chamou especialmente a atenção.

Certamente.

É aquele em que fala Horace Burleson.

Eu me lembro daquele da mulher amada por Lincoln, que diz:

Adorada em vida por Abraham Lincoln
desposada com ele não pela união, mas pela separação.

Que lindo, não? Depois diz:

Floresce para sempre,
Oh, república do pó do meu peito!

Bom, tem aspectos surpreendentes.
De qual o senhor se lembrou?

Como eu disse, é o de John Horace Burleson, e diz:

Ganhei o prêmio de ensaio no colégio
Aqui no povoado,
E publiquei um romance antes dos 25 anos.
Fui para a cidade à procura de temas
E para enriquecer a minha arte;
Lá, me casei com a filha de um banqueiro,
E depois cheguei a ser presidente do banco,
Esperando sempre estar desocupado
Para escrever um romance épico sobre a guerra.
Enquanto isso, fui amigo dos grandes e amante
[*das letras*

> *E hóspede de Matthew Arnold e de Emerson.*
> *Um orador de sobremesa, escritor de ensaios*
>   [*para*
> *Os círculos locais. Finalmente, me trouxeram*
>   [*aqui —*
> *O lar da minha infância, como sabeis —*
> *Sem sequer uma pequena lápide em Chicago*
> *para manter vivo meu nome.*
> *Oh, a grandeza de escrever este único verso:*
> *Agita-te, profundo e tenebroso oceano azul,*
>   [*agita-te!*

Claro, esse personagem vem a ser como um personagem de romance, não é?

Como um personagem comum de cidade pequena.

Sim, certo, porque nessas linhas podemos decifrar uma vida, não é verdade?

Exatamente.

E o caráter de um homem.

Sim, está tudo ali.

E os contrastes; além disso, também está escrito com certa ironia, por parte do poeta, a respeito de sua criatura.

Com uma grande ironia: "épico sobre a guerra" (ri).

Sim (*ri*).

Outro nome, mas não sei se é de sua preferência, é William Carlos William.

Ah, certamente.

Bom, temos uma plêiade inteira de poetas, mas, evidentemente, voltaremos sempre a Whitman.

No meu caso, a Emerson.

A Emerson, até como poeta?

Diria como poeta, para mim, especialmente como poeta. Eu prefiro — sei que se trata de um capricho meu —, mas eu prefiro sua poesia à sua prosa, penso que sua poesia é mais

OS POETAS DE NEW ENGLAND

essencial. Além do mais, ela é profundamente original, mas espontaneamente original, não escandalosamente original; espontaneamente diferente de tudo o que se chama poesia, sem deixar sentir, no entanto, uma rebelião: é como se ele se expressasse naturalmente desse modo frio, desse modo reservado, porque a reserva também pode ser uma virtude poética; sempre se pensa o contrário, que o poeta tem que ser efusivo e que tem que confessar... mas a reserva constitui uma grande parte do caráter de muita gente. E se um poeta escreve de um modo reservado, ele também está se expressando, está expressando essa reserva, que é um dos seus objetivos, ou um de seus atributos.

Sim, e neste caso, expressando um homem, um poeta capaz de pensamento, como o senhor diz, capaz de ideias.

E de ideias originais, e muito interessantes, e sua poesia tem algo assim como uma gravura... uma escultura, não? Parece absurdo, mas tem algo em comum com Sêneca pelo sentencioso, embora, evidentemente, o que os dois pensaram fosse algo completamente distinto.

Acho que também devemos nos lembrar, embora tenha saído dos Estados Unidos, e tenha morado tanto tempo na Europa...

Henry James?

Não, Ezra Pound, que, além disso, fez um esforço pelo estudo da poesia que poucos fizeram, não?

Sim. No caso de Henry James, ele sentia, digamos, não apenas as afinidades, mas o contraste do americano e do europeu; o tema dele foi esse. Agora, ele acreditava que os europeus eram, evidentemente, mais complexos, mais inteligentes, mas eticamente inferiores aos americanos. Ele descobria algo ético no americano, que não sei, talvez pensasse, sobretudo, nessa região, não?

Em New England?

Sim, numa época em que o protestantismo ainda era forte. Atualmente, me parece que não. Sim, esse país mudou tanto, bom, o mundo mudou tanto...

SOBRE A METÁFORA

195

Osvaldo Ferrari — *Pelo fato de o senhor divergir da visão que outros autores têm dela, gostaria de saber qual é sua ideia sobre a metáfora na literatura.*

Jorge Luis Borges — Sim, eu comecei, digamos, professando o culto à metáfora que Leopoldo Lugones tinha nos ensinado. Que curioso, toda essa geração que se chamou ultraísta falou contra Lugones e, no entanto, Lugones estava sempre presente para nós. Eu lembro que González Lanuza, meu primo Guillermo Juan, Norah Lange e eu não podíamos ver um pôr do sol sem repetir: "E morre como um tigre o sol eterno". E a lua nos levava a contínuas alusões ao *Lunario sentimental*. Todos nós professávamos essa estética, a estética da metáfora. Agora, no prólogo de *Lunario sentimental*, Lugones afirma que o idioma é feito de metáforas, uma vez que toda palavra abstrata é uma metáfora, começando pela própria palavra "metáfora", que, se não me engano, significa translação, em grego.

Sim.

Bom, e, paralelamente, Emerson disse que a linguagem era poesia fóssil, mas cabe observar que, para nos entendermos, convém esquecer a etimologia das palavras. Ortega y Gasset disse que, para entender algo, devíamos entender a etimologia, e eu diria, na verdade, que para nos entendermos convém esquecer a etimologia das palavras. Um exemplo disso seria a palavra "estilo"; o estilo era uma espécie de lâmina com que escreviam os antigos, acho que na cera. Mas se agora eu falo de estilo barroco, não é conveniente pensar na lâmina, ou que barroco é um dos nomes do silo-

SOBRE A METÁFORA

gismo, porque se eu penso: uma lâmina comparável a um silogismo, evidentemente me afasto do conceito de estilo.

Claro.

De modo que para nos entendermos, devemos esquecer a origem metafórica das palavras.

Agora, no caso da etimologia latina da palavra metáfora, o senhor deve lembrar: meta-fero *(além da meta). Isso é significativo porque, como observa Murena, levar algo para além da meta implicaria que algo está sendo levado para além do propósito da pessoa que tentou fazê-lo...*

Nesse caso seria um acerto, pois eu penso que se o que escrevemos expressa exatamente o que queremos, isso perde valor; convém ir além. E é isso o que acontece com todo livro antigo: o lemos para mais além da sua intenção. E a literatura consiste justamente não em escrever exatamente o que nos propomos, mas em escrever misteriosa e profeticamente alguma coisa, para além do propósito circunstancial.

No caso da metáfora, inevitavelmente, lembramos de Platão. Em O banquete, *Alcibíades diz: "Farei o elogio de Sócrates mediante comparações, porque a finalidade da comparação é a verdade".*

Bom, concordo absolutamente com Alcibíades. Além do mais, não podemos nos expressar de outra forma, e por outra parte, o que se diz indiretamente possui mais força do que o que se diz diretamente. Não sei se já falamos alguma vez disso, mas se eu digo "fulano morreu", estou dizendo algo concreto, mas se utilizo uma metáfora bíblica e digo "fulano dorme com seus ancestrais", é mais eficaz.

Muito mais.

Além disso, aí se indica de forma indireta que todos os homens morrem e voltam com seus ancestrais, ou, como se diz em inglês, que é menos belo: "*join the majority*", fulano se junta à maioria. E como há mais mortos que vivos, isso quer dizer que morreu, já que os que vivemos somos uma minoria e uma minoria provisória.

Claro.

Em algum momento nos uniremos à maioria, aos mortos.

Estaremos acompanhados (ri).

(*Ri*) Estaremos muito acompanhados, sim.

No plano literário, o senhor afirmou que talvez bastasse um único verso sem metáfora para refutar a teoria de que a metáfora é um elemento essencial.

Sim, e sem dúvida já falei da poesia japonesa, que ignora a metáfora, e talvez seja fácil encontrar exemplos de versos feitos sem metáforas, salvo se pensarmos que toda palavra é uma metáfora, mas eu penso que não, digamos, se ouvimos ou pronunciamos a frase "a via láctea", é melhor não pensarmos num caminho de leite, eu acho. Mauthner comenta que os chineses chamam a via láctea de "o ruído de prata", e diz que isso nos parece poético, e sem dúvida, um chinês deve achar poético que se fale de via láctea, do caminho de leite para designar galáxia. Galáxia é via láctea em grego.

Creio que o senhor já disse que, na Grécia, Aristóteles funda a metáfora sobre as coisas e não sobre a linguagem.

Acho que ele diz que uma pessoa que percebe afinidades pode forjar sua própria metáfora, quem percebe afinidades que não se notam imediatamente. E a metáfora consistiria em expressar os vínculos secretos entre as coisas.

Sim, o senhor menciona, às vezes, as metáforas compiladas por Snorri Sturluson da poesia da Islândia.

Ah, sim, mas essas metáforas eram o que agora chamaríamos de funcionais, ou seja, não correspondiam a intuições poéticas, eram racionais, talvez racionais demais, porque se eu digo que um guerreiro é "o poste do elmo", essa metáfora é bastante corrente, não há beleza nenhuma, não é verdade?

Não, no "poste do elmo", não.

SOBRE A METÁFORA

Talvez o erro das antigas metáforas germânicas — saxãs ou escandinavas — seja o fato de serem racionais.

São menos poéticas.

São menos poéticas. Agora, no caso de "caminho da baleia" pelo mar...

Isso não é ruim.

Não, acho que há beleza ali, mas não sei se eles percebiam isso, provavelmente não. Bem, "caminho da baleia" fica bem para o mar, porque parece que a grandeza da baleia combina com a grandeza do mar. Na poesia anglo-saxã é bastante comum a metáfora "encontro de lanças" por batalha. Penso que existe uma diferença essencial entre as metáforas germânicas, que são racionais, e, digamos, as metáforas orientais, persas ou árabes, que se justificam emocionalmente. Por exemplo, quando se compara um príncipe ou uma princesa com a lua, é evidente que não se pensa na forma da lua, se pensa na claridade ou na poesia da lua, não?

No resplendor.

No resplendor, bom, e penso que é mais eficaz, e assim as coisas podem ser justificadas, porque se eu chamo o sol de "olho do dia", não sei se isso é belo. Essa metáfora deu a palavra inglesa *daisy* (margarida), porque uma margarida desenhada parece um sol, ou seja, parece o "olho do dia", e também uma expressão que encontrei que me parece que é usada pelos cabalistas: "olho esquerdo do céu". O olho esquerdo do céu seria a lua. Imagino que o olho direito seria o sol, talvez porque a palavra "esquerdo" denota, de alguma forma, certa inferioridade, ou quiçá algo indigno... Bom, a palavra "sinistro", que significa esquerdo, sim.

Mas é curioso que o senhor, apesar de sua condição de poeta, que parece vinculá-lo naturalmente com a metáfora, não tenha concordado com Lugones ou com o ultraísmo em sua valorização.

Mas eu não sei se Lugones foi sempre fiel a essa ideia.

Lugones sabia que a cadência, que a música da linguagem é muito importante, deve ter sabido disso. Não sei se já citei os versos de Lugones que dizem:

O jardim com seus íntimos retiros
dará a teu alado sonho fácil jaula.[1]

Bom, isso poderia ser reduzido a uma espécie de equação dizendo: "O sonho é um pássaro cuja jaula é o jardim", mas, dito dessa forma, a poesia se evapora.

Se dissolve.

Desaparece, de modo que aí, ainda que haja uma metáfora, e uma metáfora talvez nova, embora não muito interessante, sentimos imediatamente que a poesia radica na cadência. E, sobretudo, "dará a teu alado sonho fácil jaula" age imediatamente, sentimos isso como poesia. E depois podemos justificar isso logicamente, dizendo que o sonho é uma ave, e que a jaula do sonho é o jardim, mas justificá-la dessa forma é quase destruí-la de fato.

Sim, essa justificativa é alheia à poesia.

É alheia à poesia... No geral, penso que sentimos a beleza de uma frase, e depois, se quisermos, podemos justificá-la ou não. Mas, ao mesmo tempo, é necessário sentirmos que essa frase não é arbitrária.

Que de algum modo a justificativa está implícita.

Sim, de algum modo, embora não o saibamos.

---

[1] El jardín con sus íntimos retiros/ dará a tu alado ensueño fácil jaula.

EDGAR ALLAN POE

Osvaldo Ferrari — *Faz algum tempo, o senhor me disse que na sua juventude quis ser distintos personagens da literatura. Na verdade, cada um desses escritores ou poetas que o senhor mencionou teve como característica uma vida infeliz, difícil e poderíamos dizer quase atormentada. Um deles, norte-americano, traduzido e admirado em sua época na Europa, foi Edgar Allan Poe.*

Jorge Luis Borges — Sim, não há dúvida de que Poe foi um homem de gênio, mas ficamos com essa convicção não ao ler determinadas páginas de sua obra, mas ao lembrar o conjunto. Eu tenho um conto sobre um homem que decide desenhar o mundo. Então, senta frente a uma parede branca — nada impede que pensemos que essa parede é infinita —, e o homem começa a desenhar todo tipo de coisas: desenha âncoras, desenha bússolas, desenha torres, desenha espadas, desenha bengalas. E continua desenhando assim, durante um tempo indefinido — porque ele teria atingido a longevidade. E enche essa longa parede de desenhos. Chega o momento de sua morte, e então lhe é permitido ver — não sei muito bem como —, com uma só olhada, toda sua obra, e percebe que o que desenhou é um retrato de si mesmo. Agora, eu acho que essa parábola ou fábula minha poderia se aplicar aos escritores, ou seja, um escritor pensa que fala de muitos temas, mas o que realmente deixa é, se tiver sorte, uma imagem de si próprio. E no caso de Poe, vemos essa imagem, ou seja, temos uma visão bastante concreta de um homem de gênio, de um homem muito infeliz... E isso mais além, bom, dos poemas, que considero medíocres. Poe foi, na melhor das hipóteses, um Tennyson menor, embora seus versos sejam muito lindos, é claro.

Mas não nos contos.

Nos contos, talvez mais na memória dos contos que na leitura deles... bom, ele fez tantas coisas inesquecíveis, e, além disso, nos deixou gravada essa imagem. Ele teve a sorte de ter sido lido por Baudelaire; Baudelaire não conhecia muito bem o inglês e não percebeu as falhas técnicas de Poe. Ficou deslumbrado com a imaginação de Poe, que também foi lido por Mallarmé. E, curiosamente, agora é um poeta muito mais importante na França do que nos Estados Unidos.

Mas que curioso isso.

Sim, eu estive nos Estados Unidos e, como todo estrangeiro, falei de Poe; me olharam um pouco surpreendidos... tive que lembrá-los, bom, que ele gerou Baudelaire, que gerou os simbolistas, que o simbolismo seria impossível sem Poe, e o modernismo também, já que o modernismo que surge aqui, na América, é feito na sombra de Hugo, de Verlaine e de Poe.

Então, na sombra do simbolismo.

Sim, e aquele belo livro de Lugones, tão injustamente esquecido, *Las fuerzas extrañas*, foi evidentemente escrito sob a influência de Poe. Uma prova disso — se for necessária uma prova adicional — é o fato de no final haver uma "Cosmogonia em dez lições", o que fica engraçado, não é? E essa "Cosmogonia" vem a ser uma espécie de espelho do "Eureka" de Poe, que é também uma espécie de filosofia do mundo, e que guarda alguma relação com a obra de Schopenhauer *O mundo como vontade e representação*. Além do mais, Poe escreveu esses três contos: "Os crimes da Rua Morgue", "A carta roubada" — que é o melhor de todos: a ideia de que algo óbvio pode ser invisível, a ideia que usou Chesterton em seu conto "O homem invisível", e depois "O mistério de Marie Rogêt", que viria a ser a perfeição do romance policial, no sentido de que não há nenhuma ação física, há somente a exposição de um crime, uma discussão a respeito das circunstâncias, e depois uma solução, justamente o oposto dos romances americanos atuais, que não são romances policiais, mas, bom, relatos de crimes e de sexo. O que Poe não podia prever era que, com esses contos, ele tinha criado um gênero. E também com "O escaravelho de ouro". Esse gênero é o famoso gênero policial, que não deve ser menosprezado, já que mereceu a atenção de Wilkie Collins, de Dickens, de Chesterton, e de todos os escritores do gênero policial no mundo, já que todos eles procedem desses contos de Poe.

Muitas coisas começam com Poe.

Muitas coisas começam com Poe... Agora, eu tive uma polêmica com Roger Caillois, a quem devo tanto, já que esqueceu essa polêmica e votou em mim para o prêmio de editores Formentor, e publicou um livro meu em francês, e a essa publicação eu devo, bem, minha fama. Eu a devo, em grande medida, a essa publicação que Roger Caillois fez de uns contos meus para o francês.

E também em grande medida ao prêmio Formentor.

Sim, sem dúvida. De modo que Poe desenhou, deixou sua imagem nos contos, ou poderíamos dizer também que, postumamente, projetou uma grande sombra, deveríamos dizer uma sombra luminosa, para que a palavra não ficasse muito escura. Por outra parte, temos os contos dele, que são muito diferentes entre si, porque, se tomarmos o conto sobre o Maelstrom, o conto "O homem da multidão", "O poço e o pêndulo", "A máscara da morte escarlate" e "O barril de Amontillado", são muito diferentes entre si.

Mas o horror está sempre presente.

O horror está sempre presente... Poe foi acusado de ser discípulo dos alemães. Ele respondeu com uma frase muito

JORGE LUIS BORGES E OSVALDO FERRARI

linda: "Sim, mas o horror não vem da Alemanha, vem da alma". | 203

Ah, que maravilha.

Sim, ele sai da alma. E ele sentia esse horror, e naturalmente, já que se não o tivesse sentido dessa forma, não teria conseguido transmiti-lo como fez. Agora, penso que se tivéssemos que escolher um texto de Poe, e não há nenhum motivo para escolher um, eu escolheria "O relato de Arthur Gordon Pym".

Foi o que pensei.

Sim, o nome, evidentemente, é uma variação de Edgar Allan Poe, porque Arthur e Edgar são ingleses, e Allan e Gordon são escoceses, e Pym é claramente Poe. Mas eu diria que as últimas páginas desse relato, sobretudo, são admiráveis, nelas se destaca uma ideia muito estranha, a ideia de conceber a cor branca, de sentir a cor branca como uma cor horrível. E essa é, ao mesmo tempo, a base de um romance justamente famoso: *Moby Dick* ou *A baleia branca* –, de Melville. Um capítulo desse livro se chama *The whiteness of the whale* (A brancura da baleia), e aí Melville fala da cor branca como algo terrível. E é isso o que encontramos nas últimas páginas do relato de Poe, e é impossível supor que Melville não conhecesse, e não digo isso contra Melville, já que, se todas as coisas interessam aos poetas, por que não lhes interessariam os livros que leram. Emerson disse que a poesia sai da poesia...

E no caso de Poe, sr. Borges, que influências literárias percebe nele?

Em seus contos não, mas, no caso de sua poesia, percebe-se que, bom, para a sua época, Tennyson foi muito importante. Lembro que ofereceram um jantar a Walt Whitman e que no final Whitman disse: "Brindo ao chefe de todos nós: Tennyson". Por outro lado, perguntaram a Tennyson o que pensava sobre Whitman e disse: "*I am aware of Whitman*", ou seja, sou sensível a Whitman, penso em Whitman como poderia pensar em uma grande baleia, em um oceano, e acrescentou: "Mas não, senhor, não penso em Whitman". Isso significa que Tennyson sentia que a poesia de Whitman (o verso livre) era, de algum modo, um desafio, que este tipo de poesia nova destruía a poesia que ele exercia. E então preferia não pensar em Whitman, porque era algo tão estranho...

E de certa forma perigoso.

E perigoso, inconcebível, de modo que preferia não pensar. Na verdade, não é possível pensar a literatura moderna sem esses dois grandes poetas norte-americanos: Whitman e Poe. Agora, no plano pessoal, Whitman não foi generoso com Poe, porque quando Poe morreu, Whitman escreveu uma nota sobre ele e disse — quase sinto vergonha ao dizer — que na obra de Poe não se via a democracia norte-americana. Eu não acredito que Poe tenha pensado alguma vez na democracia norte-americana.

Não, Poe pensava na aristocracia, como explica Baudelaire.

...Sim, mas isso sempre acontece: se reprova um poeta por não ter feito o que nunca se propôs a fazer, não é?

Certamente, e Poe era totalmente alheio a esse tipo de propósito.

Mas Whitman pode ter dito isso para chamar a atenção indiretamente para Poe, porque, de outro modo, não se explica.

Como o senhor sabe, eu sempre relaciono o senhor com o gênero conjectural, digamos, com o fato de ter transformado a conjectura num gênero literário.

De qualquer forma, me sinto mais conjectural que afirmativo ou negativo. Gostaria de ser afirmativo, me desagrada ser negativo; fico no talvez, no provavelmente, que é o modo mais prudente.

JORGE LUIS BORGES E OSVALDO FERRARI

Por outro lado, relaciono Poe com a fatalidade como gênero literário próprio, pessoal; vemos isso no "Nunca mais", no "Nevermore" de "O corvo".

Sim, esse é um sentimento bastante frequente, e que pode nos consolar também, porque se não cremos no livre-arbítrio, como eu, então não nos sentimos culpados: se eu agi mal, estava obrigado a agir mal.

Por fatalidade.

Por isso não acredito na justiça, porque a justiça pressupõe o livre-arbítrio, e se não existe o livre-arbítrio, então ninguém pode ser castigado nem recompensado. E isso nos leva novamente a essa frase de Almafuerte que eu sempre cito, que tenho citado sempre em nossas conversas: "Somente peça justiça, mas será melhor que não peça nada", porque pedir justiça já é um excesso.

Espero, sr. Borges, que tenhamos sido justos com Poe.

Acredito que sim.

PAUL GROUSSAC

Osvaldo Ferrari — *Entre nós, houve um escritor a quem o senhor resgata especialmente por seu estilo, me parece que o vê fundamentalmente como um estilista. Esse estilo que, como se diz, ensinou Alfonso Reyes como se devia escrever, pertence...*
Jorge Luis Borges — A Groussac.

A Paul Groussac.

...Sim, Groussac merece, sem dúvida, uma biografia, uma biografia que prescinda do ditirambo, da hipérbole, que são alheios à sua lição, e talvez do excesso de nomes próprios e datas, que é um dos males do gênero biográfico. O destino de Groussac foi um destino curioso, e, como já disse, mereceria um biógrafo sensível a esse destino. Groussac teria preferido ser um famoso escritor francês, não sei que circunstâncias o trouxeram a este país; ele começou sendo um hispanista, e era amigo pessoal de Alphonse Daudet. Agora, quando dizemos Daudet, tendemos a pensar em obras menores como *Cartas do meu moinho*, *Tartarin de Tarascon*, ou *Jack*, e esquecemos o grande romancista de *O imortal*, por exemplo, e outras obras. Além disso, Daudet era amigo de Flaubert, compartilhavam mais ou menos a mesma estética. Bom, acho que essa biografia de Groussac não se escreveria. De qualquer forma, não acredito que se escreva na República Argentina, porque não se perdoa facilmente o delito de ser francês, e na França não será escrita porque Groussac é — comprovei isso não sem tristeza — um desconhecido.

Injustamente...

Injustamente, e é natural que seja assim, porque, na França, se busca o singularmente, ou o profissionalmente,

JORGE LUIS BORGES E OSVALDO FERRARI

ou o tipicamente argentino. E evidentemente Groussac não o foi. Groussac teria gostado de ser famoso na França, mas foi famoso aqui, e, como ele mesmo disse: "Ser famoso na América do Sul não é deixar de ser um desconhecido", o que, naquela época, era verdade. Atualmente não é assim, agora houve esse *boom* comercial latino-americano, e um sul-americano pode ser famoso. E eu, por exemplo, fui um dos beneficiados, mas na época de Groussac não, e é natural que assim fosse, já que, bom, devemos tanto, devemos quase tudo à França e a França, por outro lado, pode prescindir da, entre aspas, "cultura argentina". Groussac não sabia que seu destino não era ser um famoso escritor francês, mas um destino muito diferente: ser um missionário, digamos assim, da cultura francesa, e, sobretudo, do estilo francês, da economia, da sobriedade, da elegância do francês, e ele iniciou essa economia, essa sobriedade, essa elegância da França, num momento em que a prosa espanhola vacilava entre o que o próprio Groussac chamou de "prosa de sobremesa" e os arcaísmos dos que pensam que imitam Cervantes imitando o estilo de Cervantes, que é o que há de menos importante em sua obra. Bem, Groussac quis escrever com economia, e isso ainda não se entende na França, já que agora se aplica um critério estatístico: tende-se a acumular o maior número de palavras e uma prova disso é que a última edição do dicionário da Academia abrange dois volumes. Mas houve um momento em que o idioma francês se debateu entre duas possibilidades: a da riqueza de palavras e a da riqueza expressiva ou possibilidade expressiva, e optou pela última. Ou seja, optou, digamos, por Boileau, e contra Rabelais. Agora, a ideia de julgar um idioma pelo número de suas palavras é um erro e, para provar isso, bastaria o seguinte exemplo: vamos supor um sistema de numeração que constasse de duas cifras, como Leibniz fez, um sistema binário: primeiro teríamos o um, e depois o zero, que valeria por dois, de modo que o dois — teríamos primeiro um, e de-

| 207

pois um-zero, que não seria equivalente a dez, mas a dois – e depois o três: um-zero-um, ou seja, com dois símbolos se poderia expressar a série natural dos números, que é infinita, e isso não costuma ser levado em conta, mas Groussac sim, ele escreveu com precisão e, além disso, com esse tipo de ironia, de engenho, que é tão francês, porque quando na Espanha se fala de engenho, se entende outra coisa, por exemplo, podemos ver isso no caso de Gracián, que escreveu sua *Agudeza y arte de ingenio*, e ao dizer "engenho", ele pensava, sobretudo, em trocadilhos. Se refere, por exemplo, ao "alígero Dante", sim, "Dante Alighieri" se presta para o trocadilho de "alígero". E certamente Groussac não teve esse critério. A obra de Groussac é interessante não somente por seu estilo, mas pela variedade de temas, já que ele se interessava por muitas coisas; em *El viaje intelectual*, há um capítulo sobre os sonhos.

Sim.

Ele estava muito interessado na psicologia dos sonhos e observou que era estranho o fato de sermos mais ou menos razoáveis depois de termos passado uma boa parte da noite no mundo irracional e fantástico dos sonhos. "Que estranho" – dizia – "que acordemos lúcidos depois de termos passado por essa região de sombra. . ."

De loucura intermitente, ele diz.

Ah, sim, de loucura intermitente dos sonhos. Agora, ele tinha o culto aos clássicos e da literatura francesa, mas professava – sem dúvida que por influência de Victor Hugo – o culto, talvez exagerado, a Shakespeare, que, para ele, era o máximo poeta. Estava interessado em tantas coisas. . . a história argentina, ele tem esse livro *Ensayos de historia argentina*, que é uma bela leitura, e onde não existe o culto aos próceres, já que ele os julgava de um modo equânime. Lembro que meu pai dizia: "Neste país, o catecismo foi substituído pela história argentina" (ou seja, pelo culto aos próceres). Na verdade, temos uma história muito breve, e, no entanto, estamos cheios de aniversários e de estátuas equestres.

Com o mesmo critério, Groussac fez a crítica de Cervantes.

Sim, suas duas conferências sobre Cervantes talvez sejam o mais agudo que já se escreveu sobre Cervantes, e tudo isso no breve espaço de duas conferências. Depois, os ensaios sobre o romantismo francês, bom, o que ele disse sobre Mariano Moreno; seu julgamento da literatura argentina: ele acreditava que, organicamente, a literatura argentina não existia, achava que era um absurdo esses quatro volumes de Ricardo Rojas, pomposamente intitulados *Historia de la literatura argentina*, e que estão escritos em um estilo, bom, digamos, com cortesia, ao estilo dos brindes, não? Mais que em um estilo de crítica, pois se entende que se deve elogiar cada autor, atenuar seus defeitos, exagerar ou inventar seus méritos, porque o livro é feito com essa finalidade.

Sim, agora, ao longo do tempo, o senhor parece conservar uma identificação com Groussac; numa página sua, o senhor diz: "Groussac ou Borges, não sei qual dos dois escreve esta página".

Bom, sim, mas isso se deve ao fato de ter sido nomeado diretor da Biblioteca Nacional em 1955, e nesse mesmo ano descobri que estava rodeado de novecentos mil volumes — sempre dizíamos que era um milhão, mas realmente não havia tantos (*ri*) — e da incapacidade de poder lê-los; e escrevi aquele poema sobre Deus,

> que com magnífica ironia
> me deu ao mesmo tempo os livros e a noite.[1]

---

[1] Da primeira estrofe do "Poema de los dones": (...) que con magnífica ironía/ me dio a la vez los libros y la noche.

E depois pensei que sem dúvida Groussac sentiu a mesma coisa, mas ele foi mais corajoso que eu e não escreveu o poema. Sim, de alguma forma nossos destinos se pareceram. Alguns dizem que o "Poema dos dons" é um dos melhores que eu escrevi, e o tema é que a cegueira também pode ser um dom, e eu tenho pensado nisso, e possivelmente Groussac também pensou, e nesse mesmo lugar, ou seja, de alguma forma, pelo menos durante um instante, eu fui Groussac, e devo agradecer ao destino por isso. Durante alguns instantes, eu fui Groussac, uma vez que pensei o mesmo e senti o mesmo ambiente, e sem dúvida na mesma escrivaninha que tinha sido sua. Bom, e ter sido Groussac, mesmo por um momento, é algo que se deve agradecer, ou a que eu devo agradecer. E depois de escrever o poema, soube que essa dinastia era tripla, já que, anteriormente, houve um diretor da biblioteca, Mármol, que também foi cego. Atualmente, Mármol é um autor esquecido; no entanto, se diz — e se diz muitas vezes na conversação, sobretudo agora, pensando no contemporâneo: "o tempo de Rosas", a imagem que essas palavras suscitam em nós é a imagem do romance *Amalia*, de Mármol, ou seja, podemos esquecer o nome de José Mármol, ou podemos imaginar que foi um escritor secundário, mas cada vez que dizemos "o tempo de Rosas" pensamos não no que foi, historicamente, o tempo de Rosas, nem sequer nos belos volumes de *Rosas y su tiempo*, de Ramos Mejía, mas naquilo que descrevem essas páginas tão comoventes e às vezes tão indiscretas de *Amalia*, de Mármol.

Como aquele maravilhoso capítulo "Cenas de um baile", por exemplo.

É verdade, e as conversas dos personagens, e até as indiscrições; por exemplo, quando aparece essa senhora, dona Marcelina, que foi proprietária de um prostíbulo, e fala das três unidades da tragédia clássica "que me ensinou meu cliente e amigo, o doutor Juan Crisóstomo Lafinur" (*ri*). De modo que, graças a ela, conhecemos esses hábitos do poeta romântico. Bom, Ernesto Palacio me disse que uma prova da capacidade literária de uma pessoa era o que pensava de Groussac; ou seja, se uma pessoa tinha capacidade literária, se sentia atraída por Groussac; se era insensível à literatura, então sentiria indiferença ou o recusaria. E penso que Ernesto Palacio tinha razão. Eu ministrei quatro cursos de literatura argentina — essa literatura inexistente, segundo Groussac — em quatro universidades dos Estados Unidos: Austin, Harvard, East Lansing e Bloomington. Bem, cada vez que ensinava literatura argentina, falava de Groussac, e convidava meus estudantes — já que não acredito na leitura obrigatória — a procurar e ler um volume qualquer de Groussac, porque eu sei que se entrarmos na obra de Groussac, seremos capturados, venturosamente capturados por ela. E aqui podemos pensar em seus ensaios... se tivesse que escolher um, escolheria o livro *Crítica literária*, mas por que escolher um se temos os dois volumes de *El viaje intelectual*?

E também Del Plata al Niágara.

Sim, agora, eu não sei por que em *Del Plata al Niágara* ele se mostra inexplicavelmente cego às altas virtudes da literatura norte-americana, não consigo entender isso, acho estranho o fato de ele escrever com tanta leviandade e fazer críticas tão superficiais e tão injustas a grandes escritores como Emerson, por exemplo. De Emerson ele disse que era uma pálida lua de Carlyle. Bom, Emerson se considerou discípulo de Carlyle, mas a obra dos dois é completamente distinta; a primeira diferença seria que Carlyle foi um homem infeliz, que Carlyle foi um dos pais, dos tristes pais do nazismo, e Emerson não, Emerson era um homem feliz, e um homem de grande curiosidade. Estou lendo, tenho aqui um livro de Emerson sobre a Ásia, e há um belo ensaio dele que me fez estudar a literatura persa, a poesia persa, e esse outro livro dele, *Homens representativos*, que me levou a estudar a quem ele caracterizava como místico: Swedenborg,

PAUL GROUSSAC

212

sobre quem penso escrever um livro algum dia, embora o tema seja muito vasto e o tempo que me resta pouco, mas eu fui levado a Swedenborg por Emerson.

Sim. Segundo sua crônica, sr. Borges, Groussac foi humanista, historiador, hispanista, crítico, viajante e civilizador.

Sim, e evidentemente civilizador, ou seja, a missão dele — coisa que ele não podia saber — era a de ser um mestre da cultura francesa e, sobretudo, dos hábitos da prosa francesa neste país.

O que acabou beneficiando a cultura argentina.

Sim, ele é um dos nossos benfeitores, e um benfeitor um pouco esquecido às vezes. E, no entanto, ele, na revista da Biblioteca, publicou um poema de Almafuerte, quando Almafuerte era, na verdade, uma pessoa recusada pela crítica. E também publicou um conto de Lugones.

Isso significa que também gostava das nossas coisas boas.
Certamente.

SHAKESPEARE

OSVALDO FERRARI — *Em outras conversas falamos sobre os clássicos, sr. Borges, e também sobre os clássicos de sua preferência, mas não falamos sobre aquele que inspirou seu conto "Everything and Nothing".*

JORGE LUIS BORGES — Shakespeare.

De quem o senhor diz, por exemplo, que os argumentos só lhe interessavam secundariamente.

Acho que sim, mas, além disso, por motivos comerciais ele procurava argumentos já conhecidos. Por exemplo, no caso de *Macbeth*, em que havia um rei da Escócia no trono da Grã Bretanha, que havia escrito um tratado sobre demonologia, e era descendente de um dos personagens da ação, Banquo. E tudo isso convinha. Agora, Banquo, segundo a crônica de Holinshed, que é a que Shakespeare tinha lido, bom, teve um papel bastante triste, mas Shakespeare tinha que transformá-lo em um herói para não desagradar o rei, e então ele modificou o argumento. E pelo que parece, Macbeth governou bastante bem, mas ele tinha que convertê-lo em um tirano, e acho que governou durante nove ou dez anos, mas para Shakespeare era conveniente apertar toda essa ação, e de fato, *Macbeth* é o drama mais veloz de Shakespeare, ou seja, começa, digamos, correndo com a cena das bruxas:

When shall we three meet again?
In thunder, lightning, or in rain?

Bioy Casares e eu fizemos uma tradução de *Macbeth*

e traduzimos isso como "Quando sob o fulgor do trovão"[1] (uma confusão deliberada entre o trovão e o raio) "Novamente seremos uma única coisa as três".[2] Que ficou bom, me parece, não?

Muito bom.

Quer dizer, não é uma tradução literal, mas convém que não seja... bom, teria sido aprovada por Shakespeare, não?

Provavelmente.

Fizemos uma tradução de três ou quatro cenas, e depois não sei por que — nunca sabemos por que essas coisas acontecem — cessamos, deixamos essa tarefa de lado e não sei se a retomaremos outra vez.

Depois foram convocados por Victoria Ocampo para o número de Sur *sobre Shakespeare, no qual o senhor escreve uma página sobre ele.*

Não sabia disso, houve um número de *Sur* sobre Shakespeare?

Dedicado integralmente a Shakespeare, sim.

...Acho que o senhor está modificando o passado.

(Ri) *Não, não, é real.*

Em se tratando de Shakespeare, sempre achamos que ainda não falamos o bastante, que deveríamos ter dito mais. Que curioso, é como se o nome de Shakespeare fosse infinito, e às vezes eu usei esse nome e não o de outro poeta porque senti essa conotação de infinito que o nome dele tem, e que pode não se manifestar no caso de outros poetas talvez não inferiores a ele. Por exemplo, se eu disser John Donne, bom, menciono um grande nome mas não é um grande nome para a imaginação do leitor. Por outro lado, se disser Shakespeare sim, e Hugo também contribuiu para dar uma conotação infinita ao nome de Shakespeare.

---

[1] Cuando bajo el fulgor del trueno.
[2] Otra vez seremos una única cosa las tres.

JORGE LUIS BORGES E OSVALDO FERRARI

Mas, ao falar da infinitude do nome de Shakespeare, ao mesmo tempo falamos da infinitude do idioma inglês.

Sim, também. Bom, o idioma inglês, como já mencionei em algum momento, tem uma vantagem sobre os outros idiomas ocidentais. Estatisticamente, o inglês possui mais palavras de origem latina que de origem saxã; as palavras essenciais são saxãs, ou seja, germânicas. E o ambiente, digamos, de cada palavra, é um pouco diferente. Isso não é importante se traduzirmos, por exemplo, um livro de lógica ou de filosofia, mas se traduzirmos um poema, talvez a cadência e o ambiente das palavras sejam mais importantes que o sentido. De modo que uma tradução literal seria mais infiel. Bom, no inglês existem, para cada noção, duas palavras: uma de origem saxã, que costuma ser breve, e outra de origem latina, que costuma ser mais longa e mais abstrata. Dos idiomas que conheço o inglês é o mais físico, o espanhol é um idioma relativamente abstrato e o latim também, mas o inglês é um idioma muito físico e essa é uma condição muito importante para a poesia, e também fazer jogar entre si as palavras saxãs e as palavras latinas... Isso se nota no que viria a ser o livro clássico da literatura inglesa, que é a tradução que foi feita na época de Jaime I, o autor do tratado sobre demonologia e contemporâneo de Macbeth; sim: *The King James Bible*. Ali se joga continuamente com essas duas fontes do idioma inglês: a fonte saxã e a fonte latina, e se percebe o interjogo, digamos (*the interplay*), de ambos os elementos. Por outro lado, na Alemanha tomaram as palavras latinas e as traduziram. Por exemplo, *Vaterland* é uma tradução exata de "pátria", e a tomaram porque os germanos careciam da ideia da importância da "terra dos pais". Por exemplo, eles pensavam simplesmente em sua lealdade a um chefe, mas não no fato de ter nascido em um determinado lugar, o que é natural entre pessoas que iam de um lugar a outro continuamente.

Mas, neste caso, no caso de Shakespeare, o senhor vê o idi-

SHAKESPEARE

oma inglês como algo misterioso, o senhor fala do "misterioso idioma inglês" quando se refere a Shakespeare.

Bom, sim, porque ele usava palavras de ambas as fontes... Naquela época, o idioma inglês talvez fosse ainda mais flexível que agora: os neologismos podiam ser usados permanentemente e eram aceitos pelos ouvintes. Por outro lado, atualmente, as palavras compostas podem ser usadas com naturalidade no alemão, e no inglês soam um pouco artificiais, embora Joyce tenha se dedicado a cunhar palavras, mas fez uma obra que não é compreensível para a maioria das pessoas, não? Se dedicou a isso, e acho que em *Finnegans wake*, excetuando as conjunções e as preposições e os artigos, cada palavra é um neologismo e é uma palavra composta, e isso se aplica não só aos substantivos, mas aos adjetivos e aos verbos também. Joyce inventa verbos. Mas é evidente que o inglês tem essa capacidade: que uma palavra, sem mudar sua forma, pode ser um substantivo ou um verbo, e deve ser usado desse modo. Por exemplo, no espanhol, temos *vals* [valsa] e *valsear* [Dançar valsa] mas no inglês *waltz* é ambas as coisas, e pode ser usado também como adjetivo e a forma não muda.

Sim, talvez seja o idioma mais funcional que possa existir.

Sim, nesse sentido sim. Por outro lado, estou tentando conhecer algo de japonês, e descobri com horror que os adjetivos se conjugam. Ou seja, que o adjetivo muda conforme se refira a um fato presente, a um fato passado, ou a um fato futuro. Não só muda o substantivo ou o verbo, mas também o adjetivo. E isso uma criança japonesa aprende sem perceber que está aprendendo algo muito, muito complexo. É o que já disse em relação ao fato de os números mudarem conforme o que se enumera, de modo que há dois tipos de palavras distintas para quatro instrumentos, para quatro animais pequenos, para quatro animais grandes, para quatro conceitos abstratos, para quatro pessoas, para quatro objetos longos e cilíndricos; o sistema muda.

São muitos idiomas num idioma.

Sim, são muitos em um, mas parece que para uma criança isso não oferece maiores dificuldades, já que qualquer idioma é fácil para uma criança.

É verdade.

É por isso que um poeta inglês disse: *"Wax to receive and marble to retain"* (Cera para receber e mármore para conservar), que depois se aplicou ao amante, que recebe facilmente uma impressão da mulher que ama e que a conserva para sempre, mas que no começo foi aplicado às crianças, que recebem facilmente e conservam para sempre.

Claro, agora, voltando a Shakespeare, à vida pessoal de Shakespeare, o senhor nos diz que uma vez atingido o bem--estar econômico, ele, que era empresário e autor de teatro, deixou de escrever...

Sim.

...E isso seria um indício extraordinário de que, às vezes, a musa escolhe momentaneamente um homem para sua expressão.

Poderíamos pensar isso, ou poderíamos pensar que ele precisava desse estímulo, o estímulo de ter que trabalhar, bom, para certo grupo de atores, em determinado teatro, e que sem isso, nada lhe ocorria. Isso pode acontecer... teríamos um exemplo menor no caso do nosso Hilario Ascasubi, que durante as guerras civis escreveu versos belíssimos, porque ele precisava desse estímulo da batalha, ele queria entusiasmar os *gauchos*, os soldados, e depois, em Paris, quando quis recriar tudo isso, escreveu esse longo romance rimado que se chama *Santos Vega o los mellizos de La Flor*, no qual há poucas páginas memoráveis, porque lhe faltava esse estímulo.

Claro.

Parece que Shakespeare precisava do estímulo, bom, do compromisso de ter que escrever uma peça de teatro para seus atores, que tinha que estrear em determinada data. E depois, quando atingiu o bem-estar econômico, já não tinha esse estímulo, e parece que nos últimos anos não escreveu nada, salvo seu epitáfio, ou seu testamento — deliberadamente prosaico —, sim. E segundo conta Groussac em um livro admirável de crítica literária, morreu após uma festa com atores de Londres que foram visitá-lo. Morreu pouco depois disso, e tinha se dedicado ao litígio. Ele sempre se interessou por assuntos legais, e isso se percebe pela abundância de metáforas legais em seus poemas, há muitas metáforas tomadas, bom, dos códigos. Usa metáforas legais que também não devem ter sido habituais na linguagem comum. Mas Shakespeare se interessava por isso, e depois se interessou tanto que teve uma velhice cheia de litígios, por motivos mesquinhos. Sim, e, além disso, era agiota — sinto dizer. Ou seja, se esqueceu de que podia ser um grande poeta e preferiu ser um agiota e um litigante. Enfim, escolheu um destino estranho, para mim, algo incompreensível.

Mas nunca se afastou completamente da metáfora.
Não.

Agora, no final de seu conto, sr. Borges, no final de seu conto sobre Shakespeare "Everything and Nothing", se diz que Shakespeare falou com Deus, dizendo-lhe: "Eu que tantos homens fui em vão, quero ser um".[3]

Sim, isso significa que ele teria gostado de ser Shakespeare, e depois ele descobre, claro... o literário precisava desse paralelo: que Deus também não sabe muito bem quem é, não?

Sim, isso se compreende na resposta que Deus dá a Shakespeare, e que vou ler.

Sim, isso seria uma forma de comparar Shakespeare com Deus.

Claro.

[3] Yo que tantos hombres he sido en vano, quiero ser uno.

O que seria o maior dos elogios, não?

O maior dos elogios.

Comparar um homem com a divindade.

A resposta de Deus a Shakespeare é: "Eu tampouco sou; eu sonhei o mundo como tu sonhaste tua obra, meu Shakespeare".[4]

Sim, por outro lado, Deus, segundo as Sagradas Escrituras, disse: "Eu sou aquele que sou", mas eu acho que a força desse parágrafo está em "meu Shakespeare", porque revela uma espécie de afeição pessoal de Deus por Shakespeare, não? E, além disso, Shakespeare é uma de suas criaturas, e ele a reconhece entre milhares de criaturas...

Revela também sua afeição pessoal, a afeição de Borges por Shakespeare.

...Eu, ou a musa, acertamos com o "meu", que era a palavra necessária para que essa frase tivesse alguma eficácia, alguma força.

---

[4]Yo tampoco soy; yo soñé el mundo como tú soñaste tu obra, mi Shakespeare.

NOVO DIÁLOGO SOBRE OS CONJURADOS

Osvaldo Ferrari — *A respeito de seu último livro de poemas, Os Conjurados, eu afirmei, sr. Borges, que os poemas que o compõem o aproximam de uma forma de cosmogonia, de uma fundação.*

Jorge Luis Borges — Não tinha pensado nisso; agora, em La Pampa me disseram que perceberam nesse livro uma tristeza que não se nota nos livros anteriores.

Ah, eu também não tinha pensado nisso.

Eu também não tinha pensado, e me disseram que o único livro meu em que há felicidade ou alegria é a série de milongas que se chama "Para las seis cuerdas", que ali sim há alegria, e eu respondi: "Bom, pode haver porque é um livro anônimo, um livro que foi escrito por meus antepassados, ou por todos". E, por outro lado, os outros livros, sendo pessoais, podem ser melancólicos. Agora, eu não sabia isso da cosmogonia, mas provavelmente seja verdade, já que se um escritor escreve o que se propõe a escrever, não escreveu nada, convém que escreva algo além do que se propôs a escrever, ou seja, convém que a obra exceda os propósitos do escritor.

E que cada obra seja uma nova fundação.

Certamente.

Se for fundação, será cosmogonia.

Penso que se algo é escrito em função de um livro, isso se torna uma excrescência; cada composição deve ser escrita pensando nessa composição. Agora, o fato de que posteriormente isso faça parte de um livro, é insignificante.

Acidental.

Sim, *irrelevant* (fora de propósito), como diziam em inglês.

O que é inquestionável é que seu livro é de inspiração onírica.

Bom, espero que assim seja.

Quase todos os poemas...

Normalmente, se eu comparo meus sonhos com minha vigília, me arrependo de muitas coisas; por exemplo, me arrependo dos pesadelos, que podem ser terríveis.

No livro se manifesta, particularmente, um de seus hábitos: a enumeração.

Sim, supõe-se que foi inventada por Walt Whitman, mas eu acho que os Salmos já a tinham inventado, e, além disso, enumerar é uma forma natural, uma atividade mental, não é?

Sim...

Se o tempo é sucessivo, bom, a enumeração é sucessiva, e se produz no tempo.

E se manifesta na poesia.

E se manifesta na poesia. Agora, eu falei com Bioy Casares sobre isso; ele pensa que se percebe a enumeração a partir do número quatro, ou seja, se se enumeram três coisas, o leitor não sente isso como uma enumeração, mas se forem quatro ou cinco, isso é sentido como uma enumeração, e talvez se sinta como algo mecânico. Todavia, no caso de Walt Whitman, encontramos raras enumerações, no caso dos Salmos de Davi também, e não são sentidas como mecânicas, mas como necessárias.

Claro.

Ou, pelo menos, agradecemos por elas e não as censuramos. Não, não penso que a enumeração seja uma figura vedada, nenhuma figura é vedada: se as coisas saem bem, estão bem (*ri*).

NOVO DIÁLOGO SOBRE OS CONJURADOS

*Em um poema, Silvina Ocampo fala de uma longa felici-
dade enumerativa...*

Ah, que lindo. Bem, e o livro dela se chama *Enumera-
ción de la Patria*, não?

Exatamente.

Sim. Mas a ideia de contar não é uma ideia antipoética;
a prova está em que, bom, temos em inglês *tale* (conto) e
tell (contar), mas *tell* se aplica a um relato e também às
sucessivas contas do rosário ou às sucessivas badaladas de
um sino, já que as palavras *tale* e *tell* devem ter a mesma
origem, não? *Toll* (tanger), que se aplica aos sinos, e *tell*,
que se aplica aos contos, a contar, devem ser a mesma coisa.

Agora, eu diria que a enumeração...

Não, eu acho que a enumeração é lícita.

E no seu caso...

...Se saiu bem. Quanto à enumeração caótica, talvez
ela seja impossível, já que se houver um universo, todas as
coisas estão unidas, e a enumeração caótica pode servir para
sentirmos não o caos, mas o cosmos ou secreto cosmos do
mundo, não é?

Sim, está muito claro.

Sim, quando Walt Whitman diz:

> E dos fios que atam as estrelas
> e dos seios, e da semente...

Se sente que essas coisas, apesar de serem tão diferentes, se parecem, porque, caso contrário, a enumeração seria,
bom, irracional ou injustificável.

Há uma ordem nisso.

Sim, isso tem uma ordem, bom, secreta, e, consequente-
mente, misteriosa. Agora, eu não sei se abusei da enumeração nesse livro.

JORGE LUIS BORGES E OSVALDO FERRARI

Não, eu acho que tem a ver com seu desejo de atender a todos aqueles símbolos que o senhor tem considerado fundamentais ou mais permanentes.

Bom, recentemente escrevi sobre isso, e os enumerei e me perguntei por que os escolhi, e depois cheguei à conclusão de que fui escolhido por eles, porque não seria difícil para mim prescindir de labirintos e falar de catedrais ou de mesquitas, prescindir dos tigres e falar de panteras ou de jaguares, prescindir dos espelhos e falar, bom, de ecos, que vêm a ser como espelhos auditivos. No entanto, sinto que se eu agisse dessa forma, o leitor perceberia imediatamente que me fantasiei (*ambos riem*) levemente, e seria descoberto, ou seja, se eu dissesse "leopardo", o leitor pensaria no tigre; se dissesse "catedrais" o leitor pensaria em labirintos, porque o leitor já conhece meus hábitos, e talvez os espere, e provavelmente... bom, tenha se resignado a eles, e tenha se resignado a tal ponto que se eu não repetir esses símbolos, de alguma forma ficaria decepcionado.

Ou o senhor decepciona a si mesmo (ri).

Ou decepciono a mim mesmo, e decepciono os leitores também, que esperam isso de mim, e não outra coisa, ou seja, talvez qualquer tique, qualquer hábito chegue a tornar-se uma tradição.

Se for afirmado, certamente.

Sim, todas as coisas tendem a ser tradições, de modo que o que no começo foi arbitrário e excepcional, acaba sendo tradicional, esperado, aceito e aprovado.

Evidentemente, mas, no seu caso, poderia se tratar de uma espécie de pagamento de uma dívida de conhecimento ao mundo...

É verdade...

Ao devolver cada um dos elementos de seu conhecimento.

Bom, essa é uma interpretação muito generosa da sua

NOVO DIÁLOGO SOBRE OS CONJURADOS

parte, agradeço e a adoto neste momento, vou plagiá-la, prometo (*ri*).

(Ri) *É uma conjectura, mas também poderia ser para combater o eventual pesadelo do excesso de lembranças do mundo.*

Sim, bom, Jean Cocteau disse que todo estilo é uma série de tiques, e é verdade.

De hábitos, claro.

Sim, aí a palavra "tiques" é usada um pouco depreciativamente, ou como uma brincadeira, na verdade, não?

Sim, mas neste caso, os poemas de Os Conjurados revelam, ao mesmo tempo, amor e afeição pelo mundo, por esses símbolos do mundo.

Bem, espero que assim seja: nessa página que ditei recentemente, fico surpreendido pelo número singularmente pequeno dos meus símbolos, já que se supõe que chamamos "mundo" a uma série indefinida de coisas, e significa que sou muito pouco sensível, já que somente umas poucas coisas me chamaram a atenção, ao ponto de se tornarem hábitos meus. Por exemplo, eu falo tanto de tigres, por que não falo de peixes, que são muito mais estranhos? Todavia, não sei por que me impressionaram muito mais os tigres que os peixes, ainda que agora perceba que os peixes são muito mais estranhos.

De qualquer forma, sr. Borges, o que realmente vejo é a sua necessidade de ser fiel a seus símbolos de sempre.

...Sim, porque caso contrário sinto que estou trapaceando.

Claro.

E, além disso, bom, uma espécie de declive, uma forma de cansaço, e talvez saber que por algum motivo esses símbolos me escolheram, que eu não tenho direito de inovar: fui escolhido pelos tigres, pelos espelhos, pelas armas brancas, pelos labirintos, pelas máscaras, e não tenho direito a outras

JORGE LUIS BORGES E OSVALDO FERRARI

coisas, embora cada uma dessas coisas pressuponha o universo, que consta de infinitas coisas, ou de indefinidas coisas. Sabemos disso.

No entanto, nos poemas de Os Conjurados *encontramos muito mais símbolos que os que o senhor menciona.*

Ah, sim, deve ter mais um ou dois.

Por exemplo, no poema "Alguien sueña"...

Não me lembro dele.

Esse poema em que o senhor se pergunta: "O que terá sonhado o Tempo até agora?"[1]

Ah, sim, sim.

E o senhor se responde com todos os elementos fundadores, digamos, que informam sobre sua poesia, e alguns outros.

Há algum outro? Bom, muito obrigado, talvez o senhor tenha razão.

Para provar, gostaria de ler um fragmento do poema.

Bom, eu o esqueci; sei que ele é enumerativo, como quase tudo o que escrevo, vamos ver.

> *"O que terá sonhado o Tempo até agora, que é,*
> *como todos os agoras, o ápice? Sonhou a*
> *espada, cujo melhor lugar é o verso."*[2]

Bom, aí estou condenando a espada, evidentemente, digo isso de um modo reticente, mas suficiente, não é? "Cujo melhor lugar é o verso", ou seja, não a mão do homem.

Mas perdura no verso.

Sim.

"Sonhou e lavrou a sentença, que pode simular a sabedoria."[3]

[1] ¿Qué habrá soñado el Tiempo hasta ahora?
[2] ¿Qué habrá soñado el Tiempo hasta ahora, que es, como todos los ahoras, el ápice? Ha soñado la espada, cuyo mejor lugar es el verso.
[3] Ha soñado y labrado la sentencia, que puede simular la sabiduría.

NOVO DIÁLOGO SOBRE OS CONJURADOS

226 A frase é boa, embora seja também uma sentença; "que pode simular a sabedoria", sim, podemos simular a sabedoria.

Através de uma sentença.

Certamente.

"Sonhou a fé, sonhou as atrozes Cruzadas."[4]

Bom, "as atrozes Cruzadas sim, porque as Cruzadas sempre foram elogiadas e, no entanto, foram empresas terríveis.

"Sonhou os gregos que descobriram o diálogo e a dúvida. Sonhou a aniquilação de Cartago pelo fogo e o sal. Sonhou a palavra, esse inábil e rígido símbolo. Sonhou..."[5]

Quem insistiu em que a palavra era inábil foi Stevenson, sim, a palavra é inábil.

---

[4]Ha soñado la fe, ha soñado las atroces Cruzadas.

[5]Ha soñado a los griegos que descubrieron el diálogo y la duda. Ha soñado la aniquilación de Cartago por el/ fuego y la sal. Ha soñado la palabra, ese torpe y rígido símbolo. Ha soñado...

COLEÇÃO DE BOLSO HEDRA

1. *Iracema*, Alencar
2. *Don Juan*, Molière
3. *Contos indianos*, Mallarmé
4. *Auto da barca do Inferno*, Gil Vicente
5. *Poemas completos de Alberto Caeiro*, Pessoa
6. *Triunfos*, Petrarca
7. *A cidade e as serras*, Eça
8. *O retrato de Dorian Gray*, Wilde
9. *A história trágica do Doutor Fausto*, Marlowe
10. *Os sofrimentos do jovem Werther*, Goethe
11. *Dos novos sistemas na arte*, Maliévitch
12. *Mensagem*, Pessoa
13. *Metamorfoses*, Ovídio
14. *Micromegas e outros contos*, Voltaire
15. *O sobrinho de Rameau*, Diderot
16. *Carta sobre a tolerância*, Locke
17. *Discursos ímpios*, Sade
18. *O príncipe*, Maquiavel
19. *Dao De Jing*, Laozi
20. *O fim do ciúme e outros contos*, Proust
21. *Pequenos poemas em prosa*, Baudelaire
22. *Fé e saber*, Hegel
23. *Joana d'Arc*, Michelet
24. *Livro dos mandamentos: 248 preceitos positivos*, Maimônides
25. *O indivíduo, a sociedade e o Estado, e outros ensaios*, Emma Goldman
26. *Eu acuso!*, Zola | *O processo do capitão Dreyfus*, Rui Barbosa
27. *Apologia de Galileu*, Campanella
28. *Sobre verdade e mentira*, Nietzsche
29. *O princípio anarquista e outros ensaios*, Kropotkin
30. *Os sovietes traídos pelos bolcheviques*, Rocker
31. *Poemas*, Byron
32. *Sonetos*, Shakespeare
33. *A vida é sonho*, Calderón
34. *Escritos revolucionários*, Malatesta
35. *Sagas*, Strindberg
36. *O mundo ou tratado da luz*, Descartes
37. *O Ateneu*, Raul Pompeia
38. *Fábula de Polifemo e Galateia e outros poemas*, Góngora
39. *A vênus das peles*, Sacher-Masoch
40. *Escritos sobre arte*, Baudelaire
41. *Cântico dos cânticos*, [Salomão]
42. *Americanismo e fordismo*, Gramsci
43. *O princípio do Estado e outros ensaios*, Bakunin
44. *O gato preto e outros contos*, Poe
45. *História da província Santa Cruz*, Gandavo
46. *Balada dos enforcados e outros poemas*, Villon
47. *Sátiras, fábulas, aforismos e profecias*, Da Vinci
48. *O cego e outros contos*, D.H. Lawrence

49. *Rashômon e outros contos*, Akutagawa
50. *História da anarquia (vol. 1)*, Max Nettlau
51. *Imitação de Cristo*, Tomás de Kempis
52. *O casamento do Céu e do Inferno*, Blake
53. *Cartas a favor da escravidão*, Alencar
54. *Utopia Brasil*, Darcy Ribeiro
55. *Flossie, a Vênus de quinze anos*, [Swinburne]
56. *Teleny, ou o reverso da medalha*, [Wilde et al.]
57. *A filosofia na era trágica dos gregos*, Nietzsche
58. *No coração das trevas*, Conrad
59. *Viagem sentimental*, Sterne
60. *Arcana Cœlestia e Apocalipsis revelata*, Swedenborg
61. *Saga dos Volsungos*, Anônimo do séc. XIII
62. *Um anarquista e outros contos*, Conrad
63. *A monadologia e outros textos*, Leibniz
64. *Cultura estética e liberdade*, Schiller
65. *A pele do lobo e outras peças*, Artur Azevedo
66. *Poesia basca: das origens à Guerra Civil*
67. *Poesia catalã: das origens à Guerra Civil*
68. *Poesia espanhola: das origens à Guerra Civil*
69. *Poesia galega: das origens à Guerra Civil*
70. *O chamado de Cthulhu e outros contos*, H.P. Lovecraft
71. *O pequeno Zacarias, chamado Cinábrio*, E.T.A. Hoffmann
72. *Tratados da terra e gente do Brasil*, Fernão Cardim
73. *Entre camponeses*, Malatesta
74. *O Rabi de Bacherach*, Heine
75. *Bom Crioulo*, Adolfo Caminha
76. *Um gato indiscreto e outros contos*, Saki
77. *Viagem em volta do meu quarto*, Xavier de Maistre
78. *Hawthorne e seus musgos*, Melville
79. *A metamorfose*, Kafka
80. *Ode ao Vento Oeste e outros poemas*, Shelley
81. *Oração aos moços*, Rui Barbosa
82. *Feitiço de amor e outros contos*, Ludwig Tieck
83. *O corno de si próprio e outros contos*, Sade
84. *Investigação sobre o entendimento humano*, Hume
85. *Sobre os sonhos e outros diálogos*, Borges | Osvaldo Ferrari
86. *Sobre a filosofia e outros diálogos*, Borges | Osvaldo Ferrari
87. *Sobre a amizade e outros diálogos*, Borges | Osvaldo Ferrari
88. *A voz dos botequins e outros poemas*, Verlaine
89. *Gente de Hemsö*, Strindberg
90. *Senhorita Júlia e outras peças*, Strindberg
91. *Correspondência*, Goethe | Schiller
92. *Índice das coisas mais notáveis*, Vieira
93. *Tratado descritivo do Brasil em 1587*, Gabriel Soares de Sousa
94. *Poemas da cabana montanhesa*, Saigyō
95. *Autobiografia de uma pulga*, [Stanislas de Rhodes]
96. *A volta do parafuso*, Henry James
97. *Ode sobre a melancolia e outros poemas*, Keats
98. *Teatro de êxtase*, Pessoa
99. *Carmilla — A vampira de Karnstein*, Sheridan Le Fanu

100. *Pensamento político de Maquiavel*, Fichte
101. *Inferno*, Strindberg
102. *Contos clássicos de vampiro*, Byron, Stoker e outros
103. *O primeiro Hamlet*, Shakespeare
104. *Noites egípcias e outros contos*, Púchkin
105. *A carteira de meu tio*, Macedo
106. *O desertor*, Silva Alvarenga
107. *Jerusalém*, Blake
108. *As bacantes*, Eurípides
109. *Emília Galotti*, Lessing
110. *Contos húngaros*, Kosztolányi, Karinthy, Csáth e Krúdy
111. *A sombra de Innsmouth*, H.P. Lovecraft
112. *Viagem aos Estados Unidos*, Tocqueville
113. *Émile e Sophie ou os solitários*, Rousseau
114. *Manifesto comunista*, Marx e Engels
115. *A fábrica de robôs*, Karel Tchápek
116. *Sobre a filosofia e seu método — Parerga e paralipomena (v. II, t. I)*, Schopenhauer
117. *O novo Epicuro: as delícias do sexo*, Edward Sellon
118. *Revolução e liberdade: cartas de 1845 a 1875*, Bakunin
119. *Sobre a liberdade*, Mill
120. *A velha Izerguil e outros contos*, Górki
121. *Pequeno-burgueses*, Górki
122. *Um sussurro nas trevas*, H.P. Lovecraft
123. *Primeiro livro dos Amores*, Ovídio
124. *Educação e sociologia*, Durkheim
125. *Elixir do pajé — poemas de humor, sátira e escatologia*, Bernardo Guimarães
126. *A nostálgica e outros contos*, Papadiamántis
127. *Lisístrata*, Aristófanes
128. *A cruzada das crianças / Vidas imaginárias*, Marcel Schwob
129. *O livro de Monelle*, Marcel Schwob
130. *A última folha e outros contos*, O. Henry
131. *Romanceiro cigano*, Lorca
132. *Sobre o riso e a loucura*, [Hipócrates]
133. *Hino a Afrodite e outros poemas*, Safo de Lesbos
134. *Anarquia pela educação*, Élisée Reclus
135. *Ernestine ou o nascimento do amor*, Stendhal
136. *A cor que caiu do espaço*, H.P. Lovecraft
137. *Odisseia*, Homero
138. *O estranho caso do Dr. Jekyll e Mr. Hyde*, Stevenson
139. *História da anarquia (vol. 2)*, Max Nettlau
140. *Eu*, Augusto dos Anjos
141. *Farsa de Inês Pereira*, Gil Vicente
142. *Sobre a ética — Parerga e paralipomena (v. II, t. II)*, Schopenhauer
143. *Contos de amor, de loucura e de morte*, Horacio Quiroga
144. *Memórias do subsolo*, Dostoiévski

Edição _	Jorge Sallum, Iuri Pereira e Bruno Costa
Capa e projeto gráfico _	Júlio Dui e Renan Costa Lima
Imagem de capa _	Ferdinando Scianna/Magnum Photos/Latinstock
Programação em LaTeX _	Marcelo Freitas
Revisão _	Alexandre B. de Souza, Iuri Pereira e Mônica Mayrink
Assistência editorial _	Bruno Oliveira, Lila Zanetti e Thiago Lins
Colofão _	Adverte-se aos curiosos que se imprimiu esta obra em nossas oficinas em 10 de abril de 2013, em papel off-set 90 gramas, composta em tipologia Walbaum Monotype de corpo oito a treze e Courier de corpo sete, em GNU/Linux (Gentoo, Sabayon e Ubuntu), com os softwares livres LaTeX, DeTeX, vim, Evince, Pdftk, Aspell, svn e trac.